こんなに深い意味だった

歳時記を唄った 童謡の謎

合田道人

笠間書院

JASRAC 出 2311043-35P

はじめに

歌であの行事のルーツを探せ！

私の処女作『案外、知らずに歌ってた　童謡の謎』を出版してから20年以上経つ。この『童謡の謎』のきっかけになった『ずいずいずっころばしってどういう意味？』と訊いてきた娘も、とうに成人した。考えてみれば20年という月日は長いものだ。先日、久々にテレビで「しゃぼん玉」の意味を朗読しながら歌った。「しゃぼん玉は子どもの命だった……」。これは以前からそう伝わってはいたのだが、それを知る人数はごくわずかだった。それを私が『童謡の謎』に書いてから、たくさんテレビや雑誌に取り上げられた。その時点で多くの人が、ほんとうの裏側の意味を知るようになったわけである。

ところが今回、テレビで歌っている私を見て、「私が小さいときに読んだ本に書かれていた有名な話を、わざわざ朗読している……」とＳＮＳに載せられ苦笑した。同時に感謝をしたものだ。

〝あなたが有名な話と言って読んでくれた本は私が書いたものだったのですよ！〟

これを最初に書いてから、『童謡の謎』シリーズの本はすでに十数冊に上るが、今回の切り口は今までになかったものである。歳時記である。つまり一年の間、季節季節で忘れられずに行われる日本の行事、文化に焦点を当ててみたのだ。そしてそこに関係する童謡や唱歌、愛唱歌をともに見つめ直すという著書である。

〽年の始めのためしとて……の「一月一日」に始まって春夏秋冬(はるなつあきふゆ)と季節はめぐり、〽もういくつねるとお正月……までの行事や祭り、神事、記念日などのおこりを調べてみた。すると、その歌詞にちりばめられた本質に気づく。どうして〽お正月にはたこあげて　こまを廻……すのだろうか、といった素朴な疑問などにもしっかり答えがあるのだ。「ひなまつり」「こいのぼり」に隠された願い、「父の日」や「母の日」「防災の日」などのルーツも知った。

「童謡の日」というのがあることは知っていたが、「わらべうた保育の日」というのも存在するのだ。「みかんの日」や「カラスの日」というものまである。また旧暦にのっとった行事や祭事などが、今も根強く残っていることにも気がついた。それを身近な歌とともに進めてゆく、まさしく「童謡歳時記」なのである。
　案外、知らなかった話がここには満載なのだ。今年の一年はちょっと違った角度から、それらを見つめることができそうである。

合田　道人（ごうだ・みちと）

もくじ

第一章 ── 睦月から弥生

第二章 ― 卯月から水無月

第三章　文月から長月

第四章　神無月から師走

第一章

睦月から弥生

睦月
むつき

元日
一月一日

作詞 千家尊福
作曲 上 真行

1

年の始めの　ためしとて
終りなき世の　めでたさを
松竹(まつたけ)立てて　門(かど)ごとに
祝う今日こそ　たのしけれ

2

初日の光　さし出でて
四方に輝く　今朝(けさ)の空
君がみかげに　たぐえつつ
仰(あお)ぎ見るこそ　尊(とう)とけれ

元日は国民全員の誕生日だった！

新しい年を迎え、人々は口々に「あけましておめでとう」と挨拶する。以前はこの日は、日本国民全員のお誕生日でもあった。

現在は生まれてから、翌年の誕生日を迎えることで1歳となるが、数十年前まで生まれた時点で1歳として、1月1日のお正月を迎えると国民全員が年をひとつ重ねるという風習が残っていた。だから元日は、日本人全員のお誕生日だったのである。

たとえば12月31日、大みそかに生まれた人は大みそかに1歳になり、次の日の1月1日になったら、生後2日目で2歳になるという計算になるのだ。1年前の元日生まれの子どもと同い年になるわけだ。ちょっと不思議な感じもするが……。

さて「一月一日」と書くこの歌、実際は「いちがつついたち」ではなく「いちげついちじつ」と読むのが本当なのだが、この「一月一日」、現在の1月1日は明治になってからという話を知っているだろうか？　ん？　どういうことだ？　いやいや、そういえば今もカレンダーなどに、○月○日の横や下に旧○月○日と記されていることがある。あれは何なのか？

日本では明治5年まで太陰暦という暦を用いてきた。いわゆる今のカレンダーにも書かれる旧○月○日が、その暦の日である。ところが文明開化の時代の波が高まった明治5（1872）年の11月9日になって、政府は詔書を発布した。「来たる12月3日より太陽暦を採用し、同日を明治6年1月1日とする」。それまでの鎖国令を撤廃することで諸外国との交渉が盛んとなり、旧暦（太陰暦）と太陽暦の約1ヶ月のずれが不都合になってきたためである。たとえば外国との会議の日が○月○日と決まっても、日本の暦では通用しないということになった。

しかし千年以上にわたって旧暦による生活をしてきた国民はパニックになった。何しろ11月が終わったと思ったら12月はたった2日間。12月に入った翌日が大みそかで、その翌日にたちまちお正月がやってくるのだから、それはもう慌てるしかない。

当時の日要新聞には「昨日は師走の朔日なるに、明朝は天朝のお正月とかや、さすれば今二日のうちに三十日分の働きをせねばならぬわけぢゃが、とても及ばねば我等には矢張り徳川の正月がいい」と書かれている。それでも暦は変えられて、新たな1月1日が始まったのである。

2月5日からはそれまでの数え年から誕生日起算へと移行した。生まれたら1歳で次の誕生日になると2歳になる、数え年と満年齢が混合した折衷形が用いられた。

しかしお正月に1歳年を重ねる風習は感覚的に長く続いた。そういえば今でも大みそかに年が明けることを祝う儀式を「年取り」と言うし、お正月になるとおばあちゃんたちが「またひとつ年をとった」などと言うのをよく聞いたものだ。

明治35（1902）年に法律上、公的には生まれたときは0歳と改まったが一般的にはすぐに移行できず、完全に満年齢に一本化される昭和20年代後半までは、数え年と年取りの風習が人々に根づいていたのだ。つい最近まで「おいくつですか？」とたずねると「数えで80です」などと言う人はかなりいたし、今なお亡くなった葬儀の際などの享年の計算方法は数え年だ。厄年も数え年だから、よく初詣で神社に参って、「えっ？　私17歳なのに、今年が19歳の厄年なの？」などとびっくりする人も多い。つまり今もなおしっかりと旧暦は日本の中に息づいているといってよいだろう。

この歌の作詞者、千家尊福（せんげたかとみ）は明治時代のはじめにオオクニヌシを祀（まつ）り、縁結びの神として崇敬される出雲大社（いずもおおやしろ）の宮司をつとめていた人である。明治26（1893）年に文部省唱歌の祝祭日唱歌のひとつとして発表された歌だが、そんな縁から大きな注連縄（しめなわ）で有名な出雲大社の神楽殿（かぐらでん）前には、この歌碑が立っている。

詩にあるようにお正月の玄関先には松や竹を飾る。これは家を守ってくれる年神様（とし）が空から舞い降りるときの目印とされている。松は寒い時期でも葉をつけ成長し、緑色は冬であっても青々と保っている。そこから長寿、永遠の命が宿っていると考えられるのだ。さらに竹は成長が早く、やはり冬の時期でも緑の葉を茂らせることから子孫繁栄、簡単に折れないことから未来への希望をもたらすといわれている。

そんな大切な風習の意味をしっかりとかみしめながら歌い継いでいきたい一曲である。

如月
きさらぎ

節分

まめまき

作詞・作曲 エホンショウカ

1
おにはそと　ふくはうち
ぱらっ　ぱらっ　ぱらっ　ぱらっ
まめのおと
おにはこっそりにげてゆく

2
おにはそと　ふくはうち
ぱらっ　ぱらっ　ぱらっ　ぱらっ
まめのおと
はやくおはいり　ふくのかみ

豆をまくのは〝魔の芽〟を摘み取るため！

「鬼は外、福は内」と大きな声で豆を鬼に向かって投げつける「まめまき」。２月３日の節分に行われるが、実は昔の暦でみるなら、この日は大みそかだった。

旧暦では立春に最も近い新月を元日とし、月（太陰）の満ち欠けを基準にした正月と、太陽黄経（こうけい）を基準（節切）にした立春は、ともに新年ととらえられていた。旧暦の大みそかと立春の前日に当たる節分は、ともに年越しの日とされていたのである。だから今なお節分のことを「年越し」「年取り」と呼ぶ地域があるのだ。

節分は読んで字の如く、季節を分けるという意味だ。この日の翌日が正月、つまり２月４日は立春、春のスタートイコール新しい年の出発という意味になる。

もともとは立夏の前の日、立秋の前の日、立冬の前の日のことも節分と呼んでいたが、新年を迎えるという意味合いから室町時代（１３３６〜１５７３年）に立春の前日だけを節分とするようになった。

季節の変わり目には邪気が生じると信じられていた。それが鬼と結びつき、追い払うための悪霊ばらいの行事を宮中で執り行ったのが最初で、これを追儺（ついな）と呼んだ。追儺の〝儺〟は一文字で〝おにやらい〟とも読む。にんべん（イ）をとると〝難〟となる。難はもとは日照りや落雷、山火事などの自然災害のことをさした。それに〝イ〟、つまり人がつくことにより、邪気を追い払う災難除けの行事を意味するようになった。

この追儺の話は中国の伝説から来ている。

昔、高陽（こうよう）という人物がいたが政治の争いごとに巻き込まれ、高陽の3人の子どもたちは殺されてしまう。子どもたちの怨みは死後、疫病の鬼に化した。その鬼は大みそかになるとこの世に下りてきて子どもたちを病に陥れるのである。その家に近づくと必ずその子どもは病気に襲われるのだ。伝説では鬼が来ると子どもたちは、豆ではなく桃を投げつけたり桃の弓矢で鬼を追い払う。桃には邪悪なものを退散させるという力があると考えられるからである。

日本神話にもイザナギの神が、死者の世界に行ってしまった妻のイザナミに追いかけられたとき、桃を投げつけて追い払うという話があるし、鬼を退治するヒーローは桃太郎だ。その桃が豆に変じたのは、当時の日本の寺社の間で邪気を払うための儀式に〝豆打ち〟があったためであろう。

その豆打ちは、寺や神社の儀式になる前まで農村で広まっていて、その年の豊作を祈る儀式だった。病気だけではなく豊作不作も鬼によって左右すると考えられていたからだ。節分の夜、豆を焼きその焼け方によって、一年の天候を占った。さらに玄関先には、ひいらぎやいわしの頭を飾る風習が生まれた。鬼はいやなにおいも嫌うとされるため、それらの頭を焼いてわざわざ悪臭を放ち、病気を寄せ付けないようにしたのである。

それほどまでに鬼は怖い存在だった。鬼は〝おに〟と読むほかに、〝もの〟とも読むこともある。〝もののけ〟の〝もの〟だろう。もののけは人間に憑（つ）いて苦しめたり、病気にさせたり、死に至らせたりする怨霊、死霊、生霊や妖怪、変化（へんげ）などのこともさすが、同時に精霊や先祖などの祖霊も意味する。そのため鬼の字で〝かみ〟と読むこともあるのである。

さて桃が豆に変わった今ひとつの理由として、豆には悪魔を払いのける力があると考えられていたからである。豆をまくことで、〝豆〟、つまり〝魔の芽〟、または〝魔の目〟をつぶすという意味があるのだ。〝魔を滅する〟ということである。

部屋にまいた豆を年の数だけ拾って食べるのは、年の数だけの悪を追い払うためだとされる。いや、自分の年より一つ多く食べるのはなぜ？　それは、前の曲「一月一日」でも話した数え年に関係する。こうした古くからの神事は旧暦にのっとっているから、今年誕生日で迎える年齢に生まれたときの1歳を加える数だけ豆を拾って食べるのだ。だから2月4日以降に誕生日を迎える人は、今の年齢プラス2個食べることになる。

さてこの風習を歌った「まめまき」は昭和6（1931）年、日本教育音楽協会編集の幼稚園児のための唱歌集『エホンシャウカ』（絵本唱歌）の中で発表された。この「エホンシャウカ」は春、夏、秋、冬の四巻から成り、それぞれの季節にふさわしい新作唱歌が15曲ずつ収録されており、〽さいたさいた……の「チューリップ」や、〽やねよりたかい……「こいのぼり」もその中に入っていた。

如月
きさらぎ

建国記念の日

紀元節
（きげんせつ）

文部省唱歌

作詞 高崎正風

作曲 伊沢修二

1
雲に聳(そび)ゆる　高千穂の
高根おろしに　草も木も
なびきふしけん　大御世(おおみよ)を
仰ぐ今日こそ　たのしけれ

2
海原なせる　埴安(はにやす)の
池のおもより　猶(なお)ひろき
めぐみの波に　浴(あ)みし世を
仰ぐ今日こそ　たのしけれ

3
天つひつぎの　高みくら
千代よろずよに　動きなき
もとい定めし　そのかみを
仰ぐ今日こそ　たのしけれ

4
空にかがやく　日のもとの
よろずの国に　たぐいなき
国のみはしら　たてし世を
仰ぐ今日こそ　たのしけれ

建国記念の日の建国とはどの時点か？

紀元節とは、現在の建国記念の日のこと。2月11日である。建国記念の日として国民の祝日にされたのは昭和41（１９６６）年。明治時代から終戦の少し後まではこの日を紀元節と呼んでいた。「紀元節」を題名としたこの唱歌は、明治21（１８８８）年2月11日に発表され、全国の小学校で歌われはじめ、明治26（１８９３）年には文部省によって祝日大祭日唱歌に選定された。戦後になるまで小中学生、女学生が講堂に全職員、生徒が集まって御真影（天皇陛下の肖像写真や肖像画のこと）の前でこの歌を歌ったのである。

歌詞は高千穂峰に天孫降臨、橿原の天香久山の麓にあった埴安池などを歌い込み、限りなく続く国家の柱、天皇家のあゆみを寿いでいる歌である。

さてこの建国記念の日、いわゆる日本国が建設された日が2月11日とは、何をさしているのだろうか？　一体、何を以て建国としているのか。周囲に聞いてみた。

もちろん正解を答える人はいたものの、「建国ってどこをさしていると思う？」の問いに、「太平洋戦争が終わった日？」……いやいや、それは8月15日です！「鎖国を改めて明治時代がスタートした日？」……いいえ違います。「建国だからはじめて日本にビルが建った日？」……いやはや。

この建国の日、日本にとっては大切な日だから覚えておきたい。この日は『古事記』『日本書紀』における日本の初代天皇、神武天皇が即位した日ということなのである。「紀元」とは歴史上の年数の基準としての〝最初の年〟のことをさすが、現在利用されている「西暦」はキリスト降誕の年を元年としている。それまで旧暦にのっとっていた日本が、鎖国を取り止め、海外との折衝を始めることで新暦を用いることを発表したのは明治5（１８７２）年ということは先に述べた。太陽暦換算に改暦することを機に、神武即位の日とする1月1日を2月11日に定め、明治6（１８７３）年に「紀元節」と命名したのである。

『日本書紀』には、神武天皇の即位が奈良県の橿原神宮において「辛酉年春正月庚辰朔」だったと記されている。「辛酉年」とは『日本書紀』が編まれた年、養老4

（720）年を元に計算すると、西暦紀元前660年となる。さらに即位月とされるのは「春正月」とある。つまり立春前後。さらに即位日の干支が「庚辰」であるというところから、その日を絞り出した。

しかしはじめは1月29日に指定されていた。これも旧暦からの改暦の意味があった。実は明治6年1月29日は、旧暦では明治6年の1月1日に当たるため、この日を「紀元節」と定めたのだ。実際その日は、神武天皇即位日を祝って宮中の皇霊殿において祭祀が行われ、神武天皇御陵遥拝式が各地でも催された。ところが紀元節とは旧暦1月1日、すなわち旧正月を祝うものだという誤解が国民の間にあっという間に広まったのである。この反応を見て政府側は、これでは紀元節が「神武天皇の即位日を祝う日」であるという理解が広まらないのではないかと考えた。それに加え1月29日では、明治天皇の父である孝明天皇の命日、（慶応2年12月25日（1867年1月30日））に当たる孝明天皇祭と近いことも不都合であるとして、新たに神武天皇即位日を2月11日に定め直したのである。

歴史的根拠があいまいな祝日のスタートは、天皇を中心とした国家支配の正当性を示すことにあった。小学生はじめ子どもたちがこの歌を歌うことによって、紀元節が広まり、国民にも祝日として定着していったのである。この歌がはじめて歌われた翌年の明治22（１８８９）年2月11日には、大日本帝国憲法発布。それを祝い帝国大学、一高、高師などの学生が「万歳」を三唱した。これが「万歳三唱」のはじめである。さらに翌23（１８９０）年のこの日には、武功のあった陸海軍の軍人および軍属に与えられる金鵄勲章の制定が始まる。この金鵄勲章の〝金鵄〟も「記紀」（『古事記』と『日本書紀』）にある神武天皇が、九州より東征の際、弓矢の弭にとまった金色の鵄をさしている。その輝きで敵軍の目をくらませたというものだ。さらに大正15（１９２６）年には在郷軍人会や青年団などを中心とする建国祭行事が各地で開かれ、どんどんと国家主義や軍国主義を打ち出す格好の日になっていった。

　太平洋戦争後の昭和23（１９４８）年に連合国軍最高司令官の総司令部によって「紀元節」は廃止されたが、復活の声高まり、昭和41（１９６６）年、「建国をしのび、国を愛する心を養う」という趣旨で「建国記念の日」として国民の祝日とされたのである。

如月
きさらぎ

富士山の日

ふじの山

文部省唱歌

作詞 巖谷小波

作曲 不詳

1
あたまを雲の上に出し
四方の山を見おろして
かみなりさまを下にきく
ふじは日本一の山

2
青ぞら高くそびえたち
からだに雪のきものきて
かすみのすそをとおくひく
ふじは日本一の山

〝日本一の山〟じゃなかったことがある？

2月23日は、今上天皇がお生まれになった日。つまり令和の天皇誕生日だが、それ以前から静岡県の一部の学校では休みだった。実はこの2月23日は、「富士山の日」なのである。2（ふ）2（じ）3（さん）の語呂合わせから、平成10（1998）年11月に富士山が聳える静岡県と山梨県は富士山憲章を制定したのである。

富士山の優美な姿は見る人々の心をとらえて離さない。海外でも日本の象徴として広く知られ、絵画などの題材として描かれてきた。古来「神の住まう山」「霊峰」「麗峰」とされ、山頂に浅間大神が鎮座する。度重なる噴火を鎮めるために、律令国家により浅間神社に祀られて以来、今なお浅間信仰は根強い。

富士山の周辺一帯は、数百万年前から火山活動が活発だったが、延暦16（797）年完成の『続日本紀』の天応元（781）年7月の条に、はじめて富士山の噴火が書かれている。それまでは穏やかな山と描かれているから、その突然の噴火に人々は恐れ戦いたのだろう。鎮火のため国家として浅間大神を祀る必然性があったのである。浅間の神はコノハナノサクヤ姫とされるが、『富士山縁起』によれば、かぐや姫こそがこの山の守り神だとする。かぐや姫は竹から生まれた少女が最後には月に帰ってゆくストーリーを思い浮かべるが、富士山周辺では姫は月ではなく富士山に帰る山の神だったと伝承される。特に富士南麓の静岡県富士市や富士宮市が舞台になっており、伝承地がいくつも残されているのだ。先日、富士市にある「富士山かぐや姫ミュージアム」を訪ね、そのロマンにふれた。

富士山修験道の開祖、富士上人による修験道の霊場としても広まり、神仏混淆の時代からたくさんの人々が日本一の山を目指した。私も12年に一度の申年に頂上の神社奥宮の鳥居が替えられた前回に頂上に登る機会を得、拝させていただいた。

昭和11（1936）年には富士箱根国立公園に指定、さらに平成25（2013）年には「富士山―信仰の対象と芸術の源泉」の名で世界文化遺産にも登録された。

さてさて標高3776・24メートルという日本一高い山だが、実はある時期、日本一の座を明け渡したことがある。

えっ？　では後々、富士山はまたまた隆起して背が伸びたとでもいうのか？
いや違う。実は日清戦争に勝利した結果、下関条約により台湾が清朝（中国）から日本に割譲された時期、明治28（１８９５）年４月17日から、第二次世界大戦が終結して日本が降伏したあと、昭和20（１９４５）年10月25日までの50年の間、第１位を手放していたのだ。そうである、台湾にある３９５２メートルの玉山（ぎょくざん）が一番高い山になったのだ。富士山よりも高い「新しい日本最高峰」の意味から明治天皇が新高山（にいたかやま）と名づけ、さらに同じ台湾に聳える雪山（せつざん）は３８８６メートルで２番目に高い山になった。大正12（１９２３）年４月、台湾を行啓（ぎょうけい）した皇太子（のちの昭和天皇）が帰途に、自らの誕生日（４月29日）に「新高山の次に高い山」ということから次高山（つぎたかやま）と命名するように進言、台湾総督府もそれに従った。そんなことから富士山は、日本で３番目に高い山という時期が存在したのである。まあ、日本本土の中で一番高いことには変わりはなかったのだが……。

現に『尋常小学読本巻四』に「フジノ山」と韻文、つまり今でいう国語の授業の教材として習ったのは明治43（１９１０）年で、そこにメロディーが付けられ『尋常小学唱歌（二）』で教わるようになるのは、翌44（1911）年のことだから、厳密に言えば第3位の山だった時代もしっかりと、〽ふじは日本一の山……とされていた。

それにしてもこの歌、1番の詩では、〽あたまを雲の上に出し……、かみなりさまを下にきく……ほど堂々とした男性的な姿が描かれている。ちなみに雲は標高2000メートルぐらいで湧くので、あたまを雲の上に出すのはもちろん、雷雲が発生することも不思議ではないのだが、なぜか神がかった不思議を感じさせる。ところが2番になると急に、〽からだに雪のきものきて……と美しい晴れ着のすそをなびかせる、なまめかしいほどに女性的なのである。かぐや姫ゆえか？

実はこれこそが「ふじの山」の高さだけではなく、人々を魅了してやまない魅力なのだ。山を見上げる人が男であれ女であれ、そのときの気分や視点でいろいろな姿を見せてくれる。そしてそこに自分を映し出してくれる。そんな力を持つ〝世に二つとない山〟なのだ。だからこそ〝不二山（ふじさん）〟とも記されてきたに違いない。

弥生
やよい

桃の節句

うれしいひなまつり

作詞 サトウハチロー
作曲 河村光陽

1

あかりをつけましょ　ぼんぼりに
おはなをあげましょ　もものはな
ごにんばやしの　ふえたいこ
きょうはたのしい　ひなまつり

2

おだいりさまと　おひなさま
ふたりならんで　すましがお
およめにいらした　ねえさまに
よくにた　かんじょのしろいかお

3

きんのびょうぶに　うつるひを
かすかにゆする　はるのかぜ
すこししろざけ　めされたか
あかいおかおの　うだいじん

4

きものをきかえて　おびしめて
きょうはわたしも　はれすがた
はるのやよいの　このよきひ
なによりうれしい　ひなまつり

神様のもとに〝お嫁にいらした〞ねえさま

3月3日は女の子のお祭り、桃の節句。節句とは古代五行説に由来し日本に定着した暦のことで、伝統的な年中行事を行う季節の節目になる日で〝節供〞とも書く。一年間にさまざまな節供が存在するが、そのうちの5つを江戸幕府が公的な行事、祝日として定めたものが今も大切にされている。その五節供、まずは1月7日の「人日」（じんじつ）、これは一年の健康を祈り七草粥を食べる「七草の節句」。続いて3月3日「桃の節句」、5月5日「端午の節句」、7月7日の「七夕」（しちせき）、そして9月9日の「菊の節句」こと「重陽」（ちょうよう）。

そんな中のひとつが、「桃の節句」のひな祭り。元々は3月最初の〝巳の日〞に行われていた。子丑寅卯……の十二支はその年の干支だけではなく、一年間順番に日にちにも当てはまるのだ。だから実際は3月最初の巳の日が3日とは限らなかったのだが……。

この祭りのルーツは水浴びにある。まだお風呂がない時期、やっと春が訪れて川や海の水につかって冬の間の汚れた垢を洗い落とすのである。体をきれいにすることで罪汚れも清め流されるということだ。現在の3月最初の巳の日は寒いだろうが、旧暦の頃だ。そうなれば現在でいえばゴールデンウィーク近辺。水浴び後に家族や親戚縁者が集（つど）い、その年の健康や幸福を祈って貝を拾ったり、花を愛（め）でたり酒を飲む行事が開かれた。これが潮干狩りや花見などにつながっていくのだ。平安時代になると水浴びの風習から、代わりに人形に穢（けが）れをつけて水に流す「流しびいな」の習慣が生まれた。「びいな」は紙や木などで作った人形で、これがのちに「ひな人形」に変じた。

そんなおひな様を歌った人気童謡に今なお子どもたちの愛唱歌とされる、昭和11（1936）年発表の「うれしいひなまつり」がある。作詞のサトウハチローはこのころ、前妻と離婚し淋（さび）しがる子どもたちのために、大枚をはたいてひな人形を買った。その喜ぶ姿を見ながらこの詩をしたためたという。

時に私はある時期から、この歌詞に出てくる、〽およめにいらしたねえさま……の部分を不思議に思っていた。「いらした」という言葉、たとえば「あちらにいらしたら、あの店に寄ってみてください」と使ったときは、「行く」の尊敬語の意味になるが、反対に「近くにいらした際は、是非遊びにおいでください」と使ったら、「来る」の尊敬語になるのだ。だからこのお姉さまは、お嫁に行ったのか、それとも来たのか……と不思議だったのである。しかし、身内の者にこうした尊敬語を使うものだろうか。確かに新しい義理の姉が嫁いできたから尊敬語を使ったという考え方はできる。しかしながらこの時代は、舅（しゅうと）や姑（しゅうとめ）たちは、嫁を他人に紹介するときは、「うちの留守居番です」とか「うちのおさんどん（三度の食事を用意する人）」などと言っていた頃だ。自分の家よりも位が高い家のお嬢さんをお嫁にもらわない限り、「お嫁にいらしたねえさま」という表現はない、つまり一般的には考えにくいと思われるのだ。でも、自分の姉が身分相応以上の他家に嫁いだとなれば、「あちらの○○家に嫁いでいらした」という表現は無きにしも非ずなのだ。

　サトウハチローには実際にお姉さんがいた。ハチローは幼い頃に腰に大やけどを負い、いつも家の中で遊んでいるような子どもだったという。そんな彼をいつも励ましかばってくれたのが姉の喜美（きみ）だった。ピアノを教えてくれたのも詩心を授けてくれたのも喜美だった。ハチローにとって大好きでこの上なく頼りになる自慢の姉だった。そんな姉が嫁ぐことになる。ハチローは淋しさで胸が震えた。幸せになってほしいと願う反面、姉をとられてしまうような焦りを覚えた。ところが喜美は嫁ぐ前に肺結核に侵され、嫁ぐことなく18歳の短い命を閉じているのだ。まるで黄泉（よみ）の国に嫁いでしまったかのように。

え？　そうなのではないか？　お嫁にいらしたのは神の国という意味だったのではないのか？　それならば尊敬語を使う意味はわかる。お姉さまは神様のもとに、お嫁にいらしたのではなかろうか？

女の子の節句は子どもが健康に育ってほしいという願いと、行く行くは幸せな家庭に嫁いでいけるようにという祈りの行事でもある。悲しみのフィールドを通じて、ハチローはひな祭りの本質をここに書き表していたのだ。

弥生
やよい

春

しゃぼん玉

作詞 野口雨情

作曲 中山晋平

風　風　吹くな
しゃぼん玉飛ばそ

1
しゃぼん玉飛んだ
屋根まで飛んだ
屋根まで飛んで
こわれて消えた

2
しゃぼん玉消えた
飛ばずに消えた
生まれてすぐに
こわれて消えた

しゃぼん玉は子どものことだった

〽屋根まで飛んで　こわれて消えた……のは、子どもの命だった。私が最初に書いた『童謡の謎』にそのことを載せた時分は、それこそ「へ〜〜〜」と言いながらボタンをたたく雑学テレビ番組の『トリビアの泉』(フジテレビ系)に取り上げられ説明したり、『徹子の部屋』(テレビ朝日系)に初登場したときも黒柳徹子さんに驚かれたりしたものだった。それらのテレビのおかげもあって、この「こわれて消えた子どもの命」は案外、知れ渡ることになった。今でも必ず私はこの本当の意味を朗読してから歌っている。

今回の本でもこの歌の本当の意味を知らせて、はじめて「へ〜」という人に届けたい。しかし今回は「歳時記」である。しゃぼん玉にちなんだ日はないだろうか？

「歳時記」とは四季の事物や年中行事などをまとめた書物のことだが、江戸時代以降の日本では、おもに俳句の季語を集めて分類し解説を加えた書物をさすようになっていった。なんと「しゃぼん玉」は、「春に外で風を受けて吹いてあそぶ遊び」のイメージから、しっかりと春の季語になっているのだ。だからこの歌をあえて春の歌のひとつにしよう。

ポルトガル語で石鹼を意味する〝シャボン〟が、日本へ伝わったのは16世紀の末。安土桃山時代のことである。17世紀には「サボン玉売り」「玉売り」と呼ばれる行商人が、しゃぼん玉を吹き吹き「玉や　玉や」と言いながら街辻を売り歩いた。そこに群がる子どもたちの絵も残されている。しゃぼん玉には夢と希望があふれているのだ。

明治から大正期になると石鹼の国内生産によって、ますますしゃぼん玉遊びは各地に広がった。石鹼水をストローなどの管の先につけ、もう一方の端から軽く吹くとできる気泡。日の光に照らされ、美しい色彩を見せながら空中をただよう。現れてはすぐ消える……、そんなところから、はかないもののたとえにも用いられるようになってゆく。まさしく童謡「しゃぼん玉」の世界が、そこにある。

詩人の野口雨情（のぐちうじょう）が、「しゃぼん玉」の詩を発表したのは、大正11（1922）年の『金の塔』11月号。『金の塔』は仏教雑誌だった。それがまた「しゃぼん玉」と、はかない人の命を合致させた。詩が発表された翌年には、中山晋平が曲を付け譜面集『童謡小曲』第3集に掲載している。その可愛らしい歌は、またたく間に愛唱され今なお子どもが大好きな歌のひとつになった。しかしその裏側には悲しみが潜んでいた。

明治41（１９０８）年春3月、当時北海道の小樽で新聞記者をしていた雨情は、最初の妻である、ひろとの間に生まれた長女のみどりを亡くしているのだ。それも生後わずか8日目。まさに、〽しゃぼん玉消えた　飛ばずに消えた　生まれてすぐに　こわれて消えた……ではないか。その頃はまだまだ医療が発達しておらず、薬も少なかった。抵抗力がない子どもは、すぐ死んでしまう例がよくあった。さらに、たとえ〽屋根まで飛んだ……としても、〽こわれて消えた……命も多かったのだ。抵抗力がつくまでは、子どもは〝神様のもの〟だと考えられていた時代でもある。

長女みどりの13回忌の年にこの詩は書かれていた。それも仏教雑誌に掲載したのは、子どもを死なせてしまった後悔や苦悩、そして子どもの成長を祈ってやまない親の心があったからではないか。いや、自分の娘だけではない。隣近所で亡くなってゆく子どもたちも多かった。この詩はそんな子どもたちへ贈る鎮魂歌だったのである。〝あの世へ行っても楽しく遊べ。大好きだったしゃぼん玉で……〟。そんな気持ちではなかったのだろうか。

だからこそ雨情は詩に願いをかけた。〽風　風　吹くな……と。世間の無情な風よ、どうぞ吹かないでおくれ。そうしてくれなければ、屋根まで飛ぶ前に命がまたひとつ消えてしまうから……。たとえ人生につまずいても、乗り越えてみんなすくすくと育ってほしい。なのに雨情の願いはすぐに、〽こわれて消えた……。

この歌が生まれた大正12（１９２３）年9月1日、関東大震災が起こる。屋根まで飛んでいた、子どもたちさえ多く犠牲になった。この歌に秘められた深い意味は、命のはかなさ、もろさであり命の尊さなのである。

弥生 やよい

春 さくらさくら

作詞・作曲 不詳

さくら　さくら
野山も　里も
見わたす　かぎり
かすみか　雲か
朝日に　におう
さくら　さくら
花ざかり

櫻さくら
弥生の　空は
見渡す　かぎり
霞か　雲か
においぞ　いづる
いざや　いざや
見にゆかん

世界に通じる日本の花、そして歌！

「桃の節句」のおこりがお花見につながってゆくという話はしたが、やはりお花見といえば〝さくら〟。いや、実はお花見の始めは、さくらではなく中国から伝来した梅が主流だった。それが平安時代に入り、日本古来のさくらを春の花として愛でるようになった。菊とともに国花とされる〝さくら〟の〝さ〟は、田んぼの神、穀物の霊という意味があり、〝くら〟は神坐（しんざ）、つまり神様が宿る所という意味で厄を払う力もあるとされた。さくらの木の下で一年の健康を祈り、今年も豊年であるよう願う。これが花見本来の意味合いだった。

さて私は北海道の出身だ。津軽海峡を越えて北の大地にさくらが咲き誇るのは、ゴールデンウィーク近辺となる。日本の中で一番遅い。反対に一番早い沖縄は2月前半には開花し、桜前線がどんどん北上するわけだ。他の地域の一般的な開花時期は3月後半からで、学校の入学式が行われる4月が見頃ということになるが、「さくら」

の歌詞には、〽弥生の空は　見わたす限り……とあるから、さくらは弥生3月の花ということになる。

この「さくら」の歌は江戸古謡と表記されているものが多いが実際は、幕末に江戸において作られた子ども用の箏の手ほどき曲だった。「咲た櫻」を題目に、〽さいたさくら　花見てもどる　吉野はさくら　竜田はもみじ　唐崎の松　ときわときわ　深緑……と歌われていた。さくらのお花見だけではなく、もみじ狩りから松まで入っていた。これが明治21（1888）年、「桜」と題して東京音楽学校編纂の『箏曲集』に掲載されたのだ。これが五線譜による箏曲楽譜の最初期のものである。この際、〽さくらさくら　弥生の空は　見わたす限り……という詩に改められたのだ。この教科書には全部で15曲の箏曲が載っていたが、第1曲目の「姫松」は江戸時代からある箏の手ほどき曲「岡崎」の替歌だった。しかし原曲には、〽岡崎女郎衆　岡崎女郎衆　岡崎女郎衆はよい女郎衆……という歌詞が付いていた。しかし、これではさすがに教科書には入れられない。そこで〽姫松小松　姫松小松……に改められた。右に倣えの格好で「桜」の歌詞も改められ、「姫松」に次ぐ第2曲目として「桜」が載せられたのだ。

ほのぼのとした中に物悲しさを感じさせる優雅で哀調やるせないメロディーは、日本にとどまらず海外でも親しまれた。１９０４年初演のプッチーニ作曲、歌劇「マダム・バタフライ（蝶々夫人）」の第1幕の結婚式のシーンにこの曲が取り入れられたのだ。そのため欧米では、日本を代表する曲として知られるようになってゆく。一方、日本でも明るく歌いやすかったことから子どもたちの遊び唄にも転じ、わらべ唄のような形で愛唱されるようになった。

なんとこの歌が、唱歌としてはじめて取り上げられるのは、昭和16（１９４１）年、尋常小学校が解体され国民学校となった年のことだ。唱歌集『うたのほん（下）』に「さくらさくら」として登場。その際、歌詞も変わった。〽弥生の空は……の部分は、〽野山も　里も……となり、〽においぞいずる……は、〽朝日ににおう……。さらに最後の、〽いざやいざや見にゆかん……は、〽さくらさくら　花ざかり……である。「においぞいずる」、「いざやいざや」などは日常で使わない難しい言葉であるという理由だった。ところが昭和22（１９４７）年、戦後初の国定教科書にこの歌が掲載されなかったのだ。

しかしこの人気曲を放っておくわけもなく、民間の出版社が自由に選曲する教材が発行されるようになってからは、いつも掲載されるようになった。だがいずれの歌詞を選択するかという問題が起こる。その折衷案として1番を「野山も〜」、2番を「弥生の空は〜」とするものが多くなったのだ。後に文部省が小学2年生の必修教材に指定したときに、「野山も〜」のほうを選んだが、さくらはやはり「弥生の空」のほうがお似合いとばかり、こちらも一向に忘れ去られずに歌い続けられた。だから今なおいずれの歌詞も健在なのだ。

昭和が平成に変わると、ある時期から歌謡界では坂本冬美（さかもとふゆみ）の「夜桜お七」を筆頭に〝さくら〟を歌う新作が続々作られ、ヒットする傾向が見られるようになる。〝さくらブーム〟である。森山直太朗（もりやまなおたろう）「さくら（独唱）」、コブクロの「桜」はのちに国語の教科書に掲載されるようになった。ほかにも河口恭吾（かわぐちきょうご）「桜」、嵐（あらし）「サクラ咲ケ」、いきものがかり「ＳＡＫＵＲＡ」などなど枚挙にいとまがない。

そして平成23（２０１１）年、当時人気ナンバーワンだったＡＫＢ48の「桜の木になろう」がヒットしているさ中に、あの東日本大震災が起こるのである。

弥生
やよい

東日本大震災
花は咲く

作詞 岩井俊二

作曲 菅野よう子

1

真っ白な　雪道に　春風香る
わたしは　なつかしい　あの街を　思い出す
叶えたい　夢もあった　変わりたい　自分もいた
今はただ　なつかしい　あの人を　思い出す
誰かの歌が聞こえる　誰かを励ましてる
誰かの笑顔が見える　悲しみの向こう側に
花は　花は　花は咲く　いつか生まれる君に
花は　花は　花は咲く　わたしは何を残しただろう

2

夜空の　向こうの　朝の気配に
わたしは　なつかしい　あの日々を　思い出す
傷ついて　傷つけて　報われず　泣いたりして
今はただ　愛おしい　あの人を　思い出す
誰かの想いが見える　誰かと結ばれてる
誰かの未来が見える　悲しみの向こう側に
花は　花は　花は咲く　いつか生まれる君に
花は　花は　花は咲く　わたしは何を残しただろう

花は　花は　花は咲く
いつか生まれる君に
花は　花は　花は咲く
いつか恋する君のために

被災地への義援金になってゆく歌

平成23（２０１１）年3月11日14時46分、宮城県牡鹿半島の先、太平洋沖を震源とする東北地方太平洋沖地震が発生した。東日本大震災である。

マグニチュード９・０、最大震度は宮城県栗原市の震度7、宮城、福島、茨城、栃木の4県で震度6強、観測史上最大の地震が起こったのである。波高10メートル以上、最大遡上高40・５メートルにも上る巨大な津波が発生し、火災が起こり東北地方を中心に、死者、行方不明者は２万２３１８名を数えた。さらにこれに伴う福島第一原子力発電所事故災害は全世界にも大きな衝撃を与えた。地震や液状化現象、地盤沈下、ダム決壊などで北海道から東北、東京湾を含む関東南部まで広い範囲において、各種のインフラが寸断され、避難者も３万人を超えた。

そんな被災地、被災者たちに届けと、復興を応援するチャリティー・ソングが生まれた。「花は咲く」。これはＮＨＫが震災後から現在も行っている支援プロジェクトのテーマソングとして作られたものである。

宮城県仙台市、つまり被災地の出身者でもある映画監督の岩井俊二が作詞し、岩井と同学年で同じ仙台出身の菅野よう子が作曲した。この歌を、岩手出身の千昌夫や村上弘明、新沼謙治、宮城は中村雅俊、鈴木京香、荒川静香、サンドウィッチマン、福島の西田敏行、加藤茶、梅沢富美男、秋吉久美子ら出身者や、ゆかりの俳優、歌手、タレントからスポーツ選手まで34組が「花は咲くプロジェクト」として参加、祈りを込めて歌ったのだ。オリジナルバージョン以外にもその後現在まで、数多くの歌手がレコーディングした。アニメスターのバージョンもあるし、多言語版というものもある。

この作品の作詞家、作曲家への印税は全額、ＮＨＫ厚生文化事業団を通じて被災地の自治体に義援金として寄付される。コンサートやテレビ、ラジオで歌われたり、カバーされるたび、義援金が増えてゆく仕組みになっているのだ。

作詞の岩井は震災発生時、アメリカのロサンゼルスに滞在していた。4月に帰国、5月に宮城県の荒浜、石巻、塩竈など被災地を回った。その後に作詞の打診を受けたが、復興支援というコンセプトには違和感を覚えたという。「震災は人それぞれ向き合い方があり、大勢でスクラムを組んで歌う応援歌より、ひとりで歌う歌の方が向かい合いやすいんじゃないか」。だからみんなで元気になろう！　悲しみなんて吹き飛ばせ！　という鼓舞するような歌詞を書かなかった。いや、書けなかった。震災で家族を亡くした人たちから話も聞いた。人それぞれによって、思いも記憶も違った。出した答えが「花は咲く」だった。「震災で亡くなった人たちの目線で詩を書こう」。

〽真っ白な　雪道に　春風香る　わたしは　なつかしい　あの街を　思い出す……。

まさしく冬から春。震災が起きた3月のあの日、わたしは美しかったこの街の風景を思い浮かべている。今ここに生きている人間が、美しかったあの町を思い出しているのではない。思い出しているのは、今は亡き「わたし」なのだ。

だからこそ、〽叶えたい　夢もあった　変わりたい　自分もいた……のだ。けれどもう今はその願いは手が届かない。

決してさよならなんてしたくなかった。昨日までの〝普通の毎日〟を共に過ごしてきた、〽なつかしいあの人を……、思い出しているだけなのだ。〽誰かの歌が聞こえる　誰かを励ましてる　誰かの笑顔が見える　悲しみの向こう側に……。そうである。まるで亡くなった人が、被災した人たちを励ましているようだ。復興を一緒に願っているかのようだ。だからこそ、〽花は咲く……のだ。花が咲く未来を疑わずに、今その祈りをあなたたちに残したいのだ。

震災から7年後、岩井は映画「ラストレター」を仙台で撮影し、10年目の年には、鈴木京香や西田敏行らが、この詩を朗読でつないだ映像「花は咲く　２０２１」を監督した。悲しみを越えてゆく……、そんなことは、きっと誰にもできはしない、あの日の記憶がある限り。でも復興の中で進化を遂げてゆくものはある。若き世代が、新たな花を咲かせる日はくる。

作曲者、菅野は、「１００年経って何のために、どんなきっかけでできた歌なのか忘れられて、詠み人知らずで残る曲になるといいなと願っています」と語る。

これこそが「花は咲く」の根底に息づくものなのだ。

弥生

やよい

春

はないちもんめ

わらべうた

作者 不詳

ふるさともとめて　はないちもんめ
あの子がほしい　あの子じゃわからん
この子がほしい　この子じゃわからん
○○ちゃんがほしい
じゃんけんぽん
かってうれしい　はないちもんめ
まけてくやしい　はないちもんめ

「勝ってうれしい」は「買ってうれしい」だった

「はないちもんめ」というわらべ歌がある。花という言葉が使われているから、やはり〝春の歌〟と言ってよいだろうか？　この歌の発祥地は関東は北総、佐倉から印旛沼、手賀沼あたりという説がある。特産の花は春になると一勢に東京の市場まで運ばれる。そこから花とともに歌もまた全国に広まったという。〽ふるさともとめて　はないちもんめ……。花の出荷先、つまり新しいふるさとを求める花の旅を歌ったというのだ。しかし「花」にはいろんな意味がある。

いわゆる一般的な花のことはもちろんだが、やはり花の代表ということから桜のことを「花」と使うことが多い。確かに「お花見」は桜の花を見ることをだし、「花の便り」といえば桜が咲いたことをさす。桜の花が咲く時期の曇った天気のことを「花曇り」というではないか。となればやはり弥生3月の歌と言うことになるのか？

しかしながら「花が咲く」といったら、普通に花が咲くということだけではない。

苦労して認められたり脚光を浴びることも、そうさす。「クラスの花」なら、華やかできらびやかな存在のことで、「火事と喧嘩は江戸の花」となれば、代表的なものという意味になる。「あの時代が花だった」の「花」は、最も良い時節や事柄のことだし、心付けやご祝儀のこともそういう。「花代」のことである。『隠語辞典』をひくと芸者、娼婦に与える金銭という書き方になっている。

さて一体、このわらべ歌「はないちもんめ」の「花」はどの花なのだろうか？

わらべ歌には、おおっぴらに口に出せない庶民の鬱憤や願いが隠されているとされる。だからこそ「ずいずいずっころばし」にしても「かごめかごめ」にしても、意味が通じない言葉で綴られている。〝子どもが歌う歌〟として残ってきたが、実際は大人たちの悲しみや苦しさ、せつなさなどを歌っているともいわれるのだ。では「はないちもんめ」の裏側に潜む真相とは？

「はないちもんめ」の遊び方は二つの組に分かれ、〽あの子がほしい　あの子じゃわからん……と、相手の組の中からひとりずつ選んで、こちらの組に入れてゆく〝子取り唄〟と呼ばれる種類だ。〝もんめ〟とは匁、文目とも書くお金の単位。

そうである。この花とは花代の「花」だった。いちもんめとは、非常に安い値段をさす。つまり安く女を買う。遊郭などに売られてゆく女の子のことだったのだ。

〽ふるさともとめて……の部分を、〽ふるさとまとめて……と歌う地域も多い。〝まとめて〟となれば、生まれ育ったふるさとを整理して出てゆくということになる。

農村の飢饉によって、人身売買が横行した江戸時代、貧しさゆえ明日の食糧すら事欠き、仕方なく子どもを手放すしか方法がない人々が多かった。口減らしである。年季奉公に出された子もいたが、身売りのほうが金になった。いや、決して親はそれを好き好んで行っていたわけではない。しかしそうでもしなければ、生きてゆけない。自分で首をつらねばならなかったからだ。もし遊郭で、いい旦那に目でもかけてもらえたら、玉の輿も夢じゃなかろう。この家にいるよりか幸せに決まっている。どうか幸せになっておくれ……。

〽あの子がほしい　あの子じゃわからん　この子がほしい　この子じゃわからん……。

これは人買いと言われた女衒と親の会話の様子だというのだ。

遊びの中で次に出てくるのがジャンケン。ジャンケンで勝った方の組に入るのだ。このジャンケンはいくらでこの子を買うか、いくらで売るかという駆け引きのシーンが模されていたのである。

〽かってうれしい　はないちもんめ……。これはただジャンケンに〝勝ってうれしい〟なのではなかった。本当の意味は、安い値段で〝買ってうれしい〟という人買いの思いだった。親は泣く泣く子を手放す。〽まけてくやしい　はないちもんめ……。

そういえば〝負ける〟は、たとえば「大根一本50円に負けとくよ」とか「この魚、100円に負けてよ」などと使うことがある。そうである。〝負ける〟とは値段を安くするという意味もあるのだ。つまり値切られて娘を手渡したのは、思えばくやしいと歌っていることになる。まさしく悲しき貧しき人々の叫びの歌だったのである。

実際、現代でも世界の中には、こうした人身売買が続いている地域がある。この歌を決して古い昔の話だと、片付けてはいけない。

弥生（やよい）

卒業式

贈る言葉

作詞　武田鉄矢

作曲　千葉和臣

1
暮れなずむ町の　光と影の中
去りゆくあなたへ　贈る言葉
悲しみこらえて　微笑むよりも
涙かれるまで　泣くほうがいい
人は悲しみが　多いほど
人には優しく　できるのだから
さよならだけでは　さびしすぎるから
愛するあなたへ　贈る言葉

これから始まる　暮らしの中で
だれかがあなたを　愛するでしょう
だけど　私ほど　あなたの事を
深く愛した　ヤツはいない
遠ざかる影が　人混みに消えた
もうとどかない　贈る言葉
もうとどかない　贈る言葉

2
夕暮れの風に　途切れたけれど
終わりまで聞いて　贈る言葉
信じられぬと　嘆くよりも
人を信じて　傷つくほうがいい
求めないで　優しさなんか
臆病者の　言いわけだから
はじめて愛した　あなたのために
飾りもつけずに　贈る言葉

卒業生がモデルではなかった卒業の歌

3月は卒業式のシーズン。卒業式の歌の定番と言ったら「あおげば尊し」であり「蛍の光」だったものだが、最近はこれらの歌が卒業式で歌われる機会が少なくなった。新たな卒業ソングの誕生である。

ゆずの「友～旅立ちの時」、アンジェラ・アキの「手紙～拝啓 十五の君に」、ほかにも「この地球のどこかで」「大切なもの」「最後のチャイム」「旅立ちの日に」、絢香の「サクラ」などなど。こうしたいわゆるJポップと呼ばれるヒットソングが卒業式で歌われるようになった最初が、昭和54（1979）年に発売された武田鉄矢が率いる海援隊が歌ってヒットした「贈る言葉」だったと言ってよかろう。

これは当時、40％近い高視聴率を叩き出したTBS系のテレビの学園ドラマ『3年B組金八先生』の主題歌だった。杉田かおるが演じた中学生の妊娠はじめ衝撃的なテーマが毎回のように扱われ、生徒役だった田原俊彦、野村義男、近藤真彦の〝たのきんトリオ〟もこの番組を経て人気者に成長した。鉄矢演じる金八先生がひとつひとつの事件や事柄に親身になって向かい合ってゆく、その〝理想的な先生像〟が老若男女問わず支持されたのだ。

今や日本を代表する俳優になった武田鉄矢だが、フォークソングの「母に捧げるバラード」で昭和49（１９７４）年の「紅白歌合戦」に選ばれるほどの人気者になった。しかしその後が続かず、「次の年の大みそかは、もちろん『紅白』なんてお呼びもかからず、実は夫婦そろって皿洗いのバイトをしなければならないほどだった」と言う。それが昭和52（１９７７）年、「男はつらいよ」の山田洋次監督から声がかかる。俳優の道のスタートである。

高倉健、倍賞千恵子主演、桃井かおりの恋人役のさえない青年役に抜擢された。それが北海道を舞台にした映画「幸福の黄色いハンカチ」だった。彼の演技が光り輝いた。そしてそれが人生を変えた。日本を代表する俳優・武田鉄矢のスタートだった。

映画の好演で注目を浴びた鉄矢は、その後いくつかのテレビドラマに出演、そして運命のドラマ「金八先生」に巡り合うのだ。そのドラマの歌が巣立ちの歌としてぴったりだったということで、この時期から卒業式で歌われる一曲となった。学生生活とのピリオドである。教師と生徒との卒業という名の別れ、理想的な教師だからこそ心に響いてくる、〽去りゆくあなたへ　贈る言葉……なのである。ところがこの「去りゆくあなた」とは、実は卒業生ではなかったというのである。

　BSテレ東の人気番組「武田鉄矢の昭和は輝いていた」に私はよく呼んでいただくが、あるときこの歌のウラ話を改めて聞いたことがある。

「去りゆくあなたは、好きだった彼女だったんだよね。愛する人との別れ、悲しい別れの思い出だったんです。故郷の福岡の大学に入って、そうだなあ4回ぐらい恋したかなあ?　好きになった女性に天神（福岡博多の繁華街）でしつこく迫ったら、『大きい声ば出すとよ』って言われて逃げられちゃってねえ（笑）。そうですそうです、その彼女こそ〝去りゆくあなた〟だったんですよ。あれは女にフラレたときの思い出だったんです」。

　実は詩よりも先に海援隊のメンバー、千葉和臣（ちばかずおみ）が作ったメロディーがあった。千葉曰く、「ラジオを聞いていたら、ジェームス・ディーンの映画音楽『エデンの東』が流れていて、〝いいなあこの曲〟って誘発されて、メロディーだけささっとかいておいたんです」。そこに若き日の悲しい恋の思い出が当てはまったというわけか。「実は、金八の撮影が始まってたのに主題歌がまだできなくてね。そのときこの曲聞いて、『エデンの東』ねえ……、〽暮れなずむ町の光と影の中　去りゆくあなたへ贈る言葉……と、次の日には出来上がっていた」（と武田鉄矢は話す）。発売翌年の「日本レコード大賞」では作詞賞受賞。「あの年は、作詞賞のことを〝西條八十賞〟と言う名称で、実にうれしかったものです」。

　西條八十は童謡第一号曲「かなりや」や、〽母さんお肩をたたきましょう……など多くの童謡や抒情歌から「青い山脈」、美空ひばり、島倉千代子ら一連のスター歌手を生み出した名詩人である。「僕はこの詩の中で、自分を褒めてあげたいと思うところは、〽人は悲しみが多いほど　人には優しくできるのだから……という箇所ですね」。自分の過去のほろずっぱくて、ちょっと悲しい経験が、ペンを走らせた大きなご褒美でもあった。

弥生

やよい

卒園

一年生になったら

作詞 まど・みちお

作曲 山本直純

1
一ねんせいに　なったら
一ねんせいに　なったら
ともだち　ひゃくにん　できるかな
ひゃくにんで　たべたいな
ふじさんのうえで　おにぎりを
ぱっくん　ぱっくん　ぱっくんと

2
一ねんせいに　なったら
一ねんせいに　なったら
ともだち　ひゃくにん　できるかな
ひゃくにんで　かけたいな
にっぽんじゅうを　ひとまわり
どっしん　どっしん　どっしんと

3
一ねんせいに　なったら
一ねんせいに　なったら
ともだち　ひゃくにん　できるかな
ひゃくにんで　わらいたい
せかいじゅうを　ふるわせて
わっはは　わっはは　わっはっは

ともだち100人……児童心理を突いた歌

コロナのせいもあって、卒業式も卒園式も入学式も入園式もできない時期が続いていた。幼稚園や保育園の卒園式や小学校の入学式でよく歌われてきた童謡があった。まさしく「一年生になったら」。「ぞうさん」「やぎさんゆうびん」「ふしぎなポケット」など、今なお子どもたちの心をつかんではなさいない可愛らしい童謡詩を書き続け、平成26（2014）年2月28日に104歳で天寿を全うした児童文学詩人の第一人者、まど・みちおが作詞した歌である。まどが亡くなった年の9月から出身地である山口県周南市の徳山駅では、在来線下り方面の接近メロディーとして使用されているのが、「一年生になったら」である。

この詩に曲をつけたのは、平成14（2002）年に69歳で物故した山本直純だ。クラシック音楽はもちろん、「男はつらいよ」などの映画音楽、さらに「オーケストラがやって来た」などのテレビ番組では司会者としても活躍、「大きいことはいいことだ」のCMタレントとしてもお茶の間の人気者だった。

この二人が新しい童謡として、NHKテレビの「うたのえほん」の中でこの歌を発表したのは、昭和41（1966）年のことだった。その底抜けに明るくて楽しい内容と弾むようなメロディーは、たちまち子どもたちを夢中にさせた。

実はこの歌が発表された2年後、私は小学校に入学した。だからよく大きな声で、〽一ねんせいになったら　一ねんせいになったら　ともだちひゃくにんできるかな……と歌っていたものだ。ところが一年生の途中に、父の転勤で入学した学校から違う町の新しい学校に転校することになってしまった。そのとき「ともだち100人」できなかった……と悲しくなったことを思い出す。

100人とは、実に夢がふくらむ数字なのである。「ともだち10人」ではちょっと少なくて1000人では、ちょっと子どもには想像できない数なのだ。

「百」というのは、単に100人、100年、100円といった数字を示すときだけではなく、〝たくさんの〟や〝多くの〟といった意味を持っている。たとえば、〝百人力〟といっても100人が集まった力ということではない。1人であっても100人いるような力を発揮するという意味だ。〝百聞は一見に如かず〟という言葉も１００回見るということではないだろう。くり返し他人の話や説明を聞くより、実際に自分の目で確かめてみたほうがよく理解できるということになる。百足と書くムカデに１００本の脚(あし)はないし、百日咳(ひゃくにちぜき)といっても、長きに渡り咳が止まらない病気ということで、確実に１００日間咳き込むわけではないではないか。

「大きな古時計」という童謡の歌詞の中に、〽百年いつも動いていた　ごじまんの時計さ……とある。しかしあの歌は外国の歌であり、私たちが歌っている日本語詩と原詩は違っていた。原詩では〝１００年〟ではなく〝90年〟と書かれているのである。

おじいさんは90歳で亡くなったのだ。日本の詩では、おじいさんが亡くなって時計も一緒に止まってしまう。時計はおじいさんの化身のように描かれているが、実際はいつも時計のねじを回すのはおじいさんの仕事だった。それが亡くなったことでねじを巻く人がいなくなってしまい、時計はしばらくして止まった……となっているのだ。90歳ではいかにも現実的である。ところがそれが１００年と記すことで、〝たくさんの〟とか〝いっぱいの〟、ひいては〝永遠の〟〝とこしえの〟といったイメージがわいてくるのである。

つまり、〽ともだち　ひゃくにんできるかな……は、「ともだちいっぱいできるかな……」という希望を意味している。けれど子どもはその数字を聞くことで、本当に一年生になったら１００人の友だちを作りたいな……という夢を持つ。

まさしくこれは、まど・みちおの児童心理を突いたみごとなテクニックといってよいだろう。想像力を高め実行しようとする、歌を通した教育なのである。具体例として１００人のお友だちをつくり、一緒に日本一の富士山に登る。そしてそこでおにぎりを食べるのだ。

私は北海道住まいだったから富士山を見たこともなかったが、きっと友だちがたくさんできたら、みんなで富士山に行けるんだ！　と疑わなかったし、日本中をそして世界中を駆け巡っていけるのだと想像力をかきたててくれた。

そこに「ぱっくん」「どっしん」「わっはは」というリズミカルな言葉とメロディーが、夢の現実化を感じさせたのだ。夢が広がる大らかでエネルギッシュな童謡こそがこの歌なのである。

第二章

卯月から水無月

ちょうちょ
ずいずいずっころばし
こいのぼり
かあさんの歌
うちのお父さん
アメフリ
月の沙漠

卯月 うづき

春

ちょうちょ

外国曲　作詞 野村秋足、稲垣千頴

ちょうちょ　ちょうちょ
菜の葉にとまれ
菜の葉にあいたら　桜にとまれ
桜の花の　花から花へ
とまれよ　遊べ
遊べよ　とまれ

ちょうちょには2番もあった！

春がやってきた。入学式や入社式、あたたかい風とともにちょうちょが飛んでくる。今でも子どもに歌われる、〽ちょうちょ　ちょうちょ　菜の葉にとまれ……は、小学生以上の国民なら全員が知っている歌ということになる。

なぜならこの歌は、明治14（1881）年、わが国最初の音楽、当時の唱歌の教科書だった『小学唱歌集初編』から掲載され、なんとそのとき以来現在までずっと学校で教わる歌になっているからだ。

「ちょうちょ」。掲載当時の書き方は「てふてふ」。こう書いて、〝ちょうちょ〟と読む。当時の唱歌の教科書の歌はほとんど外国曲だった。その曲に日本詩が当てはめられた。最初は「見わたせば」という題名だった「むすんでひらいて」も、〽夕空晴れて秋風吹き……とも、〽誰かさんと誰かさんが麦畑……という日本詩が付いた「故郷の空」もしくは「麦畑」「誰かさんと誰かさんが」とされるこの歌にしても外国曲だった。
鎖国が終わって讃美歌や聖歌が運ばれ、そこに歌詞がついたものも多かった。「ちょうちょ」はスペイン民謡もドイツ民謡ともされる。1977年公開、ジェームス・コバーン主演のドイツ映画「戦争のはらわた」の中では、子どもたちが歌う「小さなハンス」として流れ、アメリカでは「ボートの歌」、イギリスでは「笑う5月」という題名で歌われ続けている。このメロディーに日本は「ちょうちょ」の詩を当てた。しかしこの詩は、現在の愛知県に伝わる「胡蝶（こちょう）」や「蝶々ばっこ」の歌詞を元にしていた。

「胡蝶」は、「蝶々とまれ　菜の葉にとまれ　菜の葉にあいたら　この葉にとまれ……」という具合だから、原型になったことは疑いない。これは〝わらべうた〟として歌われていたが、元をただせば花街や色街で芸者衆や娼婦たちが歌っていた歌だったとされる。〝菜の花〟ではなく〝菜の葉〟にちょうちょがとまるときは、卵を産み付けるときのみだ。つまりここには、性交の意味が隠されていたという艶っぽい話も残る。いずれにせよ、この〝わらべうた〟とされていた詩を元に、野村秋足（のむらあきたり）が詩を書いて音楽の教科書に発表したのだ。

現在は、〽桜の花の　花から花へ……と歌うが発表当時は、〽桜の花の　さかゆる御代(みよ)に……となっていた。〝桜の花〟とは日本の国花、象徴的な花。それはそのまま日本の象徴、天皇陛下に結びつく。御代とは、天皇の世を尊ぶことだから、つまり〝天皇陛下が治めるこの世よ、どうぞ栄えあれ！　日本の花、桜とともに……〟という思いが綴られていたのである。

それが今の〝花から花へ〟に変わったのは、戦後昭和22（1947）年。終戦によってそれまで神と仰がれていた天皇が〝人間宣言〟をなさった。国家主義から民主主義の時代へと移り、〝栄ゆる御代〟は〝花から花へ〟と変わったのだ。

さてその時点まで、この歌には2番の歌詞も存在していたのをご存じだろうか。でも2番の詩は「ちょうちょ」じゃなかった。どういうことだ？

〽おきよおきよ　ねぐらのすずめ　朝日のひかりの　さしこぬさきに　ねぐらをいでて　こずえにとまり　あそべよすずめ　うたえよすずめ……。なぜか〝ちょうちょ〟は、2番になると〝すずめ〟になっているのだ。それどころか、3番も4番も歌詩があった。

明治29（1896）年、「ちょうちょ」がはじめて教科書に登場してから15年後の教育音楽講習会発行の教科書『新編　教育唱歌集』から3番と4番が加えられている。「ちょうちょ」は2番ですずめになり、3番になると、〽とんぼとんぼ　こちきてとまれ……、なんと〝とんぼ〟になるのである。さらに、〽つばめつばめ　飛びこよつばめ　古巣を忘れず　今年もここに……。なんと！〝つばめ〟に変身してしまうのだ。2番以降の詩は稲垣千穎（いながきちかい）が作った。

唱歌というものは歌を通じ、子どもたちにいろいろなことを教える役目を持っていた。学びである。この4つの詩で、子どもたちにわが国の四季を教えたのである。

ちょうちょで春の訪れを知らせ、その後やってくる夏、夏の朝をすずめで表現した。さらに秋は当然、赤とんぼ、そして冬。早く寒い冬から春に変わって、つばめよ、いつもの年と同じようにわが家の古巣にかえっておいで！　と歌った。

ひとつの歌で空飛ぶ昆虫や鳥を覚え、さらにそれらを通して日本独特の美しい春夏秋冬を教えていたのである。

皐月 さつき

茶摘 ずいずいずっころばし

わらべうた 作者不詳

ずいずいずっころばし
ごまみそ　ずい
ちゃつぼにおわれて
トッピンシャン
ぬけたら　ドンドコショ
たわらのねずみが
米くって　チュー
チュー　チュー　チュー
おっ父さんが　呼んでも
おっ母さんが　呼んでも
いきっこなしよ
井戸のまわりで　お茶碗かいたの　だあれ

茶壺に追われてとっぴんしゃん……とは？

〽ずいずいずっころばし　ごまみそ　ずい……。難解な歌詞の中に何が隠されているのか。そのあとに出てくるのが、〽茶壺に追われてトッピンシャン……。ここにヒントがありそうだ。この茶壺、実はお茶壺道中のことをさしているという説がある。

お茶壺道中とは、毎年京都の新茶ができると真っ先に、徳川幕府の将軍に一年分のお茶を宇治の茶師だった上林家が江戸まで運ぶことをさす。三代目将軍、家光の時代、寛永10（1633）年から大政奉還の慶應3（1867）年までの234年間も続けられた恒例の大行事である。

大きな茶壺を駕籠に乗せ行列が通るときは、沿道の人々は交通止めにされ、石高の高い大名の行列と行き合った場合さえ大名側のほうが歩みを休め、馬から下りて道を譲り〝お茶壺様〟の通過を待つほどの権威だった。

まず旧暦4月1日に馬も加え300人ほどが、空のお茶壺を持ち江戸を出立する。

4月1日といえば今の暦で換算すれば4月終わりから5月中旬までとなる。ちょうどその年、最初の新芽から作られる「一番茶」登場の時期である。一番茶は、栄養価が高く深いうまみがあるのだ。

唱歌「茶つみ」は、〽夏も近づく八十八夜……と歌う。八十八夜とは立春から数えて88日目をさす。現行の太陽暦では5月2日頃だ。その頃に茶摘みが始まり、お茶壺も江戸を出発する。そして京都に着くと、その壺に新茶が積められ、江戸に帰還するのが6月1日頃ということになる。役人や住人にとっては、口には出せぬが憂鬱な行事だったようだ。通過の際に落度があったり、もてなしが悪かった場合は首が飛んだ。子どもとて例外ではなく、無作法があっては切り捨て御免が罷(まか)り通ったのだ。

わらべうたには、庶民の口に出しては言えない怒りや恨み、願いが込められていることは前にも少し触れた。だからこそ歌詞が難解になっているとされるのだが、この歌はお茶壺道中を通した、お上(かみ)への反抗の気持ちの歌だったと読み取れるのだ。

「本日お通り」といったお触れがまわると七つ刻(どき)、つまり朝の4時から煙を出してはいけない。朝飯をこしらえることもできないわけだ。煙を出さずに乾燥させたイモガラを頬ばる。イモガラは、サトイモを干したもので、これを〝ずいき〟と言った。

一説には、この〝ずいき〟が、「ずいずいずっころばし」の語源ともされている。〝ずいき〟はお茶請けとしても人気があり、胡麻(ごま)をあえた味噌(みそ)をつけると酸(す)っぱ味(み)も出ておいしい。まさしく〝胡麻味噌吸〟(ごまみそずい)。これを腹の足しにして、お茶壺行列が近づくと迎え出る。

子どもたちといえば、素早く(ずいっと)雨戸や家の戸を(トッピンシャン……)と閉め、行列が通り過ぎるまで、〽おっ父(と)さんが呼んでも　おっ母(か)さんが呼んでも……、物音ひとつ立てずに静かにしている。そして、〽ぬけたら　ドンドコショ……。抜ける、つまり通過したら、やれやれ。〝ドンドコショ〟は安心して戸を開けるという意味になるか。

〽井戸のまわりで　お茶碗かいたの　だあれ……とある。かいたとは〝書いた〟ではなく〝欠いた〟。茶碗が割れることだ。ちょっと触れただけでも深い井戸の中に落ちてしまいそうな、危なっかしい様を〝井戸端の茶碗〟と表現するのである。

一方でこの詩は、ちょっと濃密な隠語だらけの歌でもある。いや、あの遊び方からしてそういえばエロイ!?　何人かで円陣を囲み、お互いに指が入るぐらいの小さな輪を作り、ひとりが輪の中に順に人差し指を出し入れしてゆく。なかなか艶っぽいことを連想してしまうのだ。この遊びの発祥は遊郭に遊びに来た殿方が、何人もの遊女を並べ今夜のお相手を決めるための遊びだったともいわれるゆえんだ。

〝ずい〟は素早いの意味もあるから、素早く転がして……ということか。〝転ぶ〟は芸者や茶屋の女が隠れて売春する隠語なのだ。〝ずいずいずっころがし〟と歌う地域も現に存在する。さらに〝茶壺〟とはズバリ！　女陰のことだそう。娼婦が男に呼びかけるとき、口をすぼめてねずみのような甘ったるい声を出すことを〝鼠鳴(ねずみなき)〟と言い、ねずみが穴を出たり入ったりしている様、ためらっている様を〝鼠米(ねずみまい)〟という。

〽たわらのねずみが　米くってチュー……である。これもまた「ちょうちょ」の原型「胡蝶」らと同じように、〝わらべうた〟になる前は大人たちの色歌だったのかもしれない。いずれにせよ民衆の心や希望がこんな歌を作り上げたことには変わりなさそうだ。

皐月
さつき

端午の節句

こいのぼり

作詞 近藤宮子

作曲 不詳

やねよりたかい　こいのぼり
大きいまごいは　お父さん
小さいひごいは　子どもたち
おもしろそうに　およいでる

歌詞の中におかあさんが登場しないわけは？

4月後半からのゴールデンウィーク、大型連休の中に5月5日は端午の節句である。今でこそ5月5日は男女関係なく子どもを祝す休日になっているが、元々はちまき、柏もちを食べ、武者人形やよろいを飾り、さらにこいのぼりを立てて男の子の成長を祝う行事である。ではなぜ、端午の節句にちまきや柏もちを食べるのだろう？

端午の節句の5月5日は、中国の湖南省北東部の川、汨羅江に身を投げた英雄、屈原の霊を慰める日だった。投身後、屈原の姉が弟を弔うために川に向かってちまきを投げ入れた。ちまきには霊を慰める力、霊を祀る力があるとされるからだ。

ちまきはもち米粉、くず粉などで作るが、それを笹や真菰などの葉で巻き、いぐさでしばって蒸す。それを徳川時代、9代将軍家重の頃に端午の節句に食すようになった。柏の葉は新芽が育つまで古い葉っぱが落ちないことから子孫繁栄、つまり家系が途切れないという縁起をかついだのだ。

そんな端午の節句を祝う日の歌としてなじみ深い「こいのぼり」は、よく知られた歌がふたつある。ひとつは、〽甍(いらか)の波と雲の波……と歌われる「鯉のぼり」。そして、〽やねよりたかい　こいのぼり……である。

しかし講演会などに出向くと、こんな質問がよくくる。

「どうしてこの歌にはお父さんと子どもたちは出てくるのに、お母さんは出てこないのですか?」。確かに、〽大きなまごいはお父さん、小さいひごいは子どもたち……と歌ったあと、〽おもしろそうに　およいでる……と終わってしまう。お母さんが出てこないのが不思議といえば不思議なのである。なぜ?

実はこの行事、男の子の祭りとされているが、実際は女性が小屋にこもって田んぼの神にその年の豊作を願うという女の祭りだったというのである。

昔の暦でいけば5月5日は、今でいう6月、梅雨(つゆ)入りの季節である。この時期の雨量によって、秋の稲の収穫が左右される。実に梅雨は大切なのだ。

女性が農耕の神を祀る風習は弥生時代からというから、稲作の広まりとともに始まったとされる。卑弥呼(ひみこ)がこの風習を始めたともされている。

そのため農村の女性たちは一日、集落の小屋や神社の拝殿などに集まり祈りを捧げ、神事のあとに直会とよばれる神様との、今でいう食事会、宴会でご馳走や酒を飲み、楽しみながらも朝がくるまで、その場にいることになっていた。言い換えれば年に一度の夫や子、舅や姑から解放される日だったとも解すことができる。

小屋の玄関口には魔除けの力を持つとされるよもぎや菖蒲が飾られる。よもぎも菖蒲も香りが強い。強烈な匂いは悪霊や鬼退治にはうってつけだと信じられていた。それだけではなく、菖蒲には実際にはアサロンやオイゲノールといった精油成分が含まれているため、これからやってくる暑い夏も健康に過ごせるのだ。昔の人はそうしたことも知っていたのだ。さらに神様が天から下りてくる目印としてのぼりも立てた。それがこいのぼりに変じていった。

これも中国の話からきている。「登竜門」という言葉をよく聞く。「あの番組での優勝が、人気スターへの登竜門だ」「あの賞を受賞することが文壇への登竜門だ」などなど。登龍門とは、成功へといたる難しい関門を突破することだ。中国の歴史書『後漢書』の「李膺伝」に中国の黄河の上流に「竜門」と呼ばれる激流があり、その下に多くの鯉が集まるという話がある。その鯉のほとんどは急流を登れないのだが、もし登ることができた鯉は竜になれるとされているのだ。

ここから男の子の出世を祈願するため、神様の目印だったのぼりが、こいのぼりへと変わっていったのだった。さらに菖蒲を尚武（しょうぶ）、つまり軍事を用いるという意味にとったり、勝負（しょうぶ）に引っ掛けることで、武家の男の祭りになっていく。しかしこの日は元来、女性の日だった。だからこそ「こいのぼり」の歌にはお母さんがいないのだ。一日の休息を経て明日からは田植えが始まるのだ。翌日からが、女たちの出番なのである。

だからだろうか？　祝日法によると「こどもの日」は、子どもの人格を重んじ、幸福をはかるとともに、母に感謝する日と定めている。子どもを生んでくれた母親に感謝する日と定められているのだ。端午の節句のお母さんは、いないのではなく、しっかり主役なのである。

皐月 さつき

母の日
かあさんの歌

作詞・作曲 窪田 聡

1
かあさんは　夜なべをして
手袋編んでくれた
木枯し吹いちゃ冷たかろうて
せっせと編んだだよ
ふるさとの便りは届く
いろりの匂いがした

2
かあさんは麻糸つむぐ
一日つむぐ
おとうは土間で藁(わら)打ち仕事
お前もがんばれよ
ふるさとの冬はさみしい
せめてラジオ聞かせたい

3
かあさんのあかぎれ痛い
生味噌をすりこむ
根雪もとけりゃもうすぐ春だで
畑が待ってるよ
小川のせせらぎが聞こえる
懐かしさがしみとおる

はじめ「母の日」は3月だった!?

「こどもの日」が母に感謝する日だったとは、ちょっと驚きではあったが、やはり「こどもの日」は子どもが中心でお母さんがないがしろにされてしまったからなのか、5月5日の次の日曜日、5月第2日曜がしっかり「母の日」となっている、まさしく母親に感謝を捧げる日である。いや、ないがしろにされたから「母の日」がこの日になったわけではない。「母の日」の行事はアメリカで作られたものだった。

メソディスト教会員だったアンナという女性が、母の命日に白いカーネーションを協会に持って来て教友たちに分けたのが始まり。これが広がって1914年、アメリカ議会の決議の上、5月の第2日曜日を「母の日」と制定したのである。このときから亡くなったお母さんに白いカーネーションを送るだけではなく、元気なお母さんに「いつもありがとう」という感謝をこめて赤いカーネーションを送るようになったのだ。カーネーションの花言葉は「母親の愛情」なのである。

そのアメリカで行われていた「母の日」が、日本にやってきたのは昭和になってからのこと。しかしそのときは5月ではなかった。当時の昭和天皇の皇后さまのお誕生日だった3月6日を「母の日」に定めていたのである。それが戦後になってアメリカに倣って5月の第2日曜日に変わっていったのだ。

そんなお母さんの歌は数多い。童謡の〽おかあさん　なあに……や、〽母さんお肩をたたきましょう……など、永遠のテーマとして昔も今も作られている。そんな中の代表的一曲が、〽かあさんは夜なべをして　手袋編んでくれた……と歌い出す、この「かあさんの歌」である。

〽かあさんが……と歌っている人や、CDなどでも、〝が〟と歌っているものによく出くわすが、実際は、〽かあさんは……というのが正しい歌詞。2番も、〽かあさんが　麻糸つむぐ……ではなく、〽かあさんは　麻糸つむぐ……が本当である。この歌をテレビで歌う前日に作詞作曲者の窪田聡（くぼたさとし）氏に電話を入れたとき、「間違って歌う人が多いから、ちゃんと歌って下さいね」と悟されたことがあった。

今や童謡としても歌われるが、窪田が昭和31（1956）年に『うたごえ新聞』に発表したのが最初。第二次世界大戦敗戦後、日本の独立を回復しようとする運動の流れのひとつとして興った〈うたごえ運動〉の中から生まれた作品だった。その後の〝歌声喫茶〟でも歌われ、昭和37（1962）年2月にペギー葉山（はやま）がNHK「みんなのうた」で歌って好評を得た。このときには間違いなく、〽かあさんは……と歌っている。だがその後、数多い歌手がレコーディングする際にどうやら、〽かあさんが……と歌ったバージョンがあり、それが広まったというのが真相のようだ。

さて、この歌に描かれている手袋を編んでくれて、麻糸をつむいでいたのは、窪田の母だと信じていたが、実は母親ではなく父の母親であるおばあちゃんだった。

窪田は東京で生まれ育ったが、戦争時代の幼少期に父の実家がある長野県長野市の旧信州新町地区に疎開した。そのときの思い出を綴ったのがこの歌だったのである。だから土間でわら打ち仕事をするとうさんも叔父さんの姿だったというのだ。この歌のなんともいえぬ哀調、やるせなさは、故郷から都会に出てきた息子に向かってせっせと手袋を編んで送ってくれた母の面影ではなかった。春がきたら畑仕事に従事する父母の姿でもないのだ。疎開した子どもの心細さがそこにはあったのである。

やがて終戦。窪田は東京の実家に戻った。貧しいけれど父と母、兄弟とともに暮らせる喜びに浸った。その後、高校時代から文学を志したが、卒業のとき進路をめぐって母親と対立、家を飛び出した。兄が必死になって居場所を見つけ出した。そして間もなくして、母から小包が届くようになったという。食糧や好物のチョコレート、手編みのセーター……。そのとき手袋を編んでくれた祖母が重なった。

窪田の母が89歳で亡くなったのは平成元（1989）年。葬儀の読経後に、式場にこの歌が流れた。さらにその年「かあさんの歌」の歌碑が立つ。この名作を生むきっかけを作ったあの町、長野県信州新町に。そこで「かあさんの手袋」が販売された。

以前その碑を見に行ったときこんな話を聞いた。「よく受験生が手袋をお守り代わりに買っていくんですよ。この手袋には滑り止めがついていますから……」。母のやさしさがそこにあった。

水無月（みなづき）

父の日

うちのお父さん

作詞・作曲　南こうせつ

1
汗をかいたので　一休み
マキ割りは疲れますね　お父さん
もうすぐ日が暮れる　カラスが飛んでゆく
一番星光るまで　もうひとガンバリ
汗をふいてお茶を飲んで
腰を伸ばせばお父さん
ニッコリ笑う　ニッコリ笑う
明日天気になあれ

2
今日は渡辺さんの結婚式で
うちのお父さんが仲人で
めでたい　めでたい　鯛のお頭付
酒は飲め飲め　花嫁さん
ひざをくずし　お皿たたいて
歌をうなればお父さん
ニッコリ笑う　ニッコリ笑う
明日天気になあれ

3
セーター姿が似合います
たまにはオシャレしたら　お父さん
今度お母さんが　街に出る時に
真赤な蝶ネクタイを買ってもらったら
春になれば　さがり梅の
花が咲きます　お父さん
ニッコリ笑う　ニッコリ笑う
明日天気になあれ

「父の日」にはバラを贈るのが本当!?

「母の日」に比べるとどうしても軽視されている「父の日」だが、6月の第3日曜日は一家を支えてくれる父親に感謝を捧げる日。「母の日」と同じく本来はアメリカの年中行事のひとつだ。「父の日」の始まりは1909年、アメリカ・ワシントン州に住むジョン・ブルース・ドッド夫人の提唱による。ドッド夫人の父親は妻子を残したまま南北戦争に出兵した。その間、母が働きながら6人の子どもたちを育てたが、過労がもとで他界してしまう。凱旋（がいせん）した父は、その後、再婚もせず男手ひとつで子どもを育て上げて亡くなった。娘のドッドは父の墓前に白いバラを捧げ、「母の日があるのに対して父の日もあるべきだ」と教会に嘆願。1926年、ニューヨークで「父の日」が誕生したのである。日本にも戦後、「母の日」が5月になったのとほぼ同時期に伝わったが、父親にバラを贈るという習慣は受け継がれなかった。父を歌ったこの歌に出てくるのも、バラならぬ梅なのである。

日本の父親のイメージというと、それこそ昔は「地震・雷・火事・親父」などというほどに厳しく怖く尊敬されるものだった。おいそれとは話しかけられない存在だった。だが戦後、民主主義の世の中になるとどんどん大黒柱の威厳が薄れていった。その分、家族のために働く働き者のパパや、マイ・ホーム型パパが増え、やさしい父親像は出来上がったものの、どうも厄介扱いされる一面も見えてきてしまったようだ。

歌の世界もご同様。母の歌はたくさん思い起こすことができるが、父の歌となると極端に少なくなる。このごろの童謡でも「パパはいつも起きている」「パパはこまったちゃん」とあまりさえないキャラばかり。そんな中であえて〝お父さんの歌〟として選んだのは「みんなのうた」でも紹介され、童謡としても親しまれている南こうせつの「うちのお父さん」である。

南こうせつ率いるフォーク・グループ、かぐや姫は「神田川」や「赤ちょうちん」「妹」などのヒットソングで一世を風靡した。昭和49（1974）年、ヒット曲を連発していた時代のアルバム「三階建の詩」の中に収められたユニークなほんわかソングがこれ。聞いていているだけでお父さんのやさしい笑顔と可愛さが浮かんでくる。

こうせつに話を聞いた。「あれはまさしく『うちのお父さん』がモデルなんですよ。やさしくておおらか。小さいときから〝あれをせよ〟とか〝お経を読みなさい〟などと言われた記憶が一度もないんだよ。文句も言わずに黙々と。まさに禅宗のお坊さんですよ。あの歌は父の哀愁を歌った歌だったんです」。

あんな楽しい歌が、哀愁をテーマにしていたとは意外だ。

こうせつの実家は大分県大分市竹中にある勝光寺。鎌倉時代の大友氏初代当主、大友能直が建久7（1196）年に建立した歴史ある曹洞宗の寺だ。南家は明治時代になってこの寺の住職になった。「僕は末っ子だけど高節。兄も慧昭に光洋とお坊さんになってもいいような名前が付けられていて。言われたことはないけれど、誰かが継いでくれるだろうと思っていたんでしょうかね。今は一番上の兄が継いでいます」。「フォーク歌手になると言ったときも反対されなかったんですか？」の問いに「反対された覚えはないです。何しろ穏やかな人。毎朝6時頃から御本堂でおつとめを始める。木魚の音で僕たちは目を覚ますという毎日でした。一度父に『仏さんって本当にいるんですか？』と尋ねたことがありましたね。すると〝ニコッ〟としただけでした。

仏さまは自分の心の中にあるとひらめいたのは、僕が還暦を過ぎてからです。誰もが美しいものを見て感動したり、涙を流したり、愛を感じられるのは、そのまま仏様、神様からのメッセージであるような気がします」。

寺の境内には梅がたくさん咲いている。そういえば、この歌詞の中にも〝さがり梅〟という歌詞が出てくる。「あれは本当は〝しだれ梅〟と言うらしいんですよ。でも小さいときからお父さんは、〝さがり梅〟と言っていたんです。それで僕も間違いないと思ってそう書いた。レコーディングも済んじゃってて、東京では〝さがり梅〟って言わないとわかったときはあとの祭り。梅を見るたび、父を思い出します」。

歌詞にある蝶ネクタイは、ずっとお坊さんの着物姿の父に一度ぐらいお洒落させたいなあという息子の願望だった。さらに歌の最後の文句、〽明日天気になあれ……には一生懸命、愚痴もこぼさずに毎日を生きている父に対して、歌でエールを送りたい、家族のために働いてくれているお父さんに歌で感謝したいという気持ちからだった。そこには父の哀愁が隠されていたということなのかもしれない。だからこそこれ以上「父の日」にふさわしい歌はない。

水無月（みなづき）

梅雨

アメフリ

作詞 北原白秋
作曲 中山晋平

1
アメアメ　フレフレ　カアサン　ガ
ジャノメ　デ　オムカヒ　ウレシイナ
ピッチピッチ　チャップチャップ
ランランラン

2
カケマショ　カバン　ヲ　カアサンノ
アトカラ　ユコユコ　カネ　ガ　ナル
ピッチピッチ　チャップチャップ
ランランラン

3
アラアラ　アノコ　ハ　ヅブヌレダ
ヤナギ　ノ　ネカタデ　ナイテヰル
ピッチピッチ　チャップチャップ
ランランラン

4
カアサン　ボクノヲ　カシマショカ
キミキミ　コノカサ　サシタマヘ
ピッチピッチ　チャップチャップ
ランランラン

5
ボクナラ　イインダ　カアサンノ
オホキナ　ジャノメ　ニ　ハイッテク
ピッチピッチ　チャップチャップ
ランランラン

ジャノメデオムカヒ、雨もまたうれし……

6月頃の長雨を梅雨（ばいう）という。梅の実が熟す時期の雨からその名がついたとされる。黴雨とも書き表す。「黴」はカビと読むから、物にカビが生じる頃に降る雨という意味だ。じとじとと雨が降り乾燥することがないからカビが生（は）えるのだ。「つゆ」の到来である。太陰暦では梅雨の時期が5月にあたっていたので、五月雨（さみだれ）ともいう。だから梅雨時の雨のように、物事が長くだらだら続くことを「五月雨式」と言い表すのである。今では「五月晴れ（さつきばれ）に恵まれたゴールデンウィーク」などという使い方をするが、実際の五月晴れとは、梅雨の晴間（はれま）のことをさした。現在は気象庁でも5月の晴れのことを「さつき晴れ」と呼び、梅雨時の晴間を「つゆの合間の晴れ」と呼ぶように取り決められている。

北海道と小笠原諸島を除く日本、朝鮮半島南部、中国の南部から長江流域にかけての沿海部、および台湾など、東アジアだけにみられる雨季のことを梅雨というのだが、暦の上では入梅（梅雨入り）は太陽が黄経80°を通過する日（6月11～12日）となる。気象学的にはこの時点を春の終わりとし、同時に夏の始まり、つまり初夏とするが、これは水を必要とする田植えの時期の目安でもある。また梅雨が終わることを出梅（梅雨明け）というが、日本の南岸では通常7月中旬ごろ、東北地方は7月下旬。私が住んでいた頃の北海道は、梅雨などなく爽やかな季節だったものだが、最近ははっきり現れる年もあるときく。これもまた異常気象が関係しているのだろうか。

　そんな「雨」を歌った童謡は数多い。雨の中、馬にゆられて嫁入りする情景を歌った「雨降りお月」、雨が降っているので、〽遊びに行きたし　傘はなし……と淋しい子どもの心を表現した「雨」。そんな雨に向かって、「早く降り止んでくれ……」と窓に吊るして願いながら歌う、〽てるてるぼうず　てるぼうず……などなど。しかし何と言ってもポピュラーなのは、〽アメアメ　フレフレ　カアサン　ガ……と歌い始める「アメフリ」だと言ってよいだろう。

　この童謡は、幼児向けの絵雑誌『コドモノクニ』の大正14（１９２５）年11月号に発表された。このときは題名も歌詞もすべてカタカナ表記で書かれていた。ひらがなに比べて学問的傾向が強いという理由から、戦前は学校でも、ひらがなより先にカタカナを習った。このカタカナ詩に中山晋平が作曲した。

〽ジャノメ　デ　オムカヒ　ウレシイナ……の〝オムカヒ（イ）〟は、〝お迎え〟の幼児言葉。そこがまた子どもの人気となる。〝ジャノメ〟は傘。おそらくこの男の子は傘を持たずに学校に行ってしまった。けれど雨が降ってきた。困っていたらお母さんが、学校まで傘を持って迎えに来てくれたのだ。まさしく、〽ウレシイナ……である。〝オムカヒ〟と幼児言葉を使っているから、小学校に入る前の幼稚園児の歌とされることがあるが、この歌ができた当時は、幼稚園に通う子どもは、ほんのひと握り。それもちょっとしたお坊ちゃん、お嬢ちゃんが通うものだった。いや、これは幼稚園児ではなく、はっきり小学校低学年だということが歌詞で判明する。

2番の頭にある、〽カケマショ　カバン　ヲ……の部分だ。その頃はまだランドセルを背負(しょ)って登校する習慣はなく、肩から斜めにかけるカバンだった。続く、〽アトカラ　ユコユコ　カネ　ガ　ナル……の鐘も小学校の証(あか)しだ。昔の小学校では、授業の開始と終了の音を鐘で知らせていた。今のようにチャイムが、その時間になると自動的にスピーカーから流れるのではなく、用務員のおじさんが手振り鐘を〝カンカン〟と鳴らして知らせていたのである。

さて、蛇の目傘で母さんと家路を急ぐぼくは、〽アラアラ……と、やはり傘を忘れ、しかし誰の迎えもない友だちに会う。〽ヤナギ　ノ　ネカタデ　ナイテイル……のだ。柳の根かたとは、柳の木の根本のほうということになる。泣きながらも柳の端っこで、できるだけ雨に濡れないようにしながら立っているのだ。それを見て、〽キミキミ　コノカサ　サシタマエ……と、貸してあげるやさしく、親切な行動、それを見つめる母親の様子が、ほのぼのと描かれている。さらに、〽ボクナラ　イインダ　カアサンノ　オホ（オ）キナ　ジャノメ　ニ　ハイッテク……と、母親が迎えに来てくれた誇らしさとうれしさをみごとに表現している。そしてラストには、〽ピッチピッチ　チャプチャプ　ランランラン……と、雨の撥ねる擬音がこの歌全体の明るさに弾みをつけている。そこに晋平が軽快でリズミックなメロディーを付けたことで、雨のうっとうしさを微塵も感じさせない歌になっている。雨降りも、いや雨が降ったからこそ、楽しくてうれしいと感じさせてくれるのだ。

水無月 みなづき

らくだの日

月の沙漠

作詞 加藤まさを

作曲 佐々木すぐる

1
月の沙漠を　はるばると
旅の駱駝（らくだ）が　ゆきました
金と銀との　鞍（くら）置いて
二つならんで　ゆきました

2
金の鞍には　銀の甕
銀の鞍には　金の甕
二つの甕は　それぞれに
紐で結んで　ありました

3
さきの鞍には　王子様
あとの鞍には　お姫様
乗った二人は　おそろいの
白い上着を　着てました

4
広い沙漠を　ひとすじに
二人はどこへ　ゆくのでしょう
朧（おぼろ）にけぶる　月の夜を
対の駱駝は　とぼとぼと
砂丘を越えて　ゆきました
黙って越えて　ゆきました

〝らくだ〟に隠された意味とは？

ロマンチックでいて、悲壮感あふれるこの童謡は、どこかエキゾチックなにおいがする。おそらくそれは歌の中に日本ではあまりなじみがない、砂漠とラクダが登場するからではないだろうか。

ラクダといえば、中東アジアの砂漠地帯をテクテクと歩いているイメージが真っ先に思い浮かぶ。水や栄養分をコブの中に蓄えることができるため、50度近い気温の砂漠のような過酷な中でも生きて行くことができる動物。それは、荒涼とした土地の住民にとって古代から生存するための道具だった。食料源であり、輸送手段でもあったのだ。戦争や狩猟のために使用される乗り物でもあった。その重要性を世に広めて行こうと制定されているのが6月22日。なんとその日は、「世界ラクダの日」とされているのである。

人間は水を飲まないと、4～5日で死に至る。しかしラクダは、10日以上も水を飲まずに生き続けることができるといわれている。１日１００㎞を超える長距離の移動であっても水を飲まずに行うことができる。砂漠の少量の植物から、水分を得ることが可能だとされている。そんな驚きの特性を持ったラクダが登場することで、この歌はエキゾチックでいて不思議な色合いをもたらせるのだ。だから「この歌の舞台はアラブですか？　サハラ砂漠ですか？　ゴビ砂漠？」と質問される。しかしこの歌の舞台の答えは、日本なのである。すかさず「わかった！　鳥取？」と答える人もまた多い。確かに鳥取砂丘は日本の砂漠をイメージする。観光用にラクダも用意されているではないか。歌とぴったりではある。

前作の著作『都道府県別　ご当地ソング大百科』（全音楽譜出版社）刊行のとき、その町の在住者や出身者に「あなたの住む（またはあなたが生まれた）都道府県を代表する歌はなんですか？」というアンケートをとったが、鳥取県のランキングには堂々とこの歌がベストテン入りしていた。ところが、この歌の舞台は鳥取ではない。そもそも、この歌の題名だが「月の〝砂漠〟」ではなく、「月の〝沙漠〟」なのである。〝砂〟という字を当てると、すなの意味だけになる、一方〝沙〟の字になると、すなはまという意味も持つことになる。すなはまということは、海の浜辺のすなという意味になるのだ。氵（さんずい）は、水に関係した漢字に用いる。海もそうだし河もそうだ。池、浜、湖、沼、港……すべて水に関係する。この歌は海の砂浜を歌っているからこそ、〝沙漠〟でなくてはならなかった。

この詩を書いた加藤まさが、幼少期を過ごした静岡県藤枝にある、通っていた小学校や、近くの焼津にもこの歌発祥の地の看板が立っている。いずれも子どもの時分に遊んだ浜辺がある場所なのだ。さらに加藤が晩年移り住み、亡くなった場所には「月の沙漠記念館」というものも建っている。アラビア宮殿風の造りのこの館は、千葉県の御宿（おんじゅく）海岸にある。

展示室には加藤の写真や絵が並ぶ。加藤は詩人であると同時に挿絵画家としても高名だった。この詩が大正12（1923）年に雑誌『少女倶楽部』に発表されたとき、挿絵も一緒に描いている。さらにこの記念館には、三日月形の詩碑や歌に出てくる王子様とお姫様が乗ったラクダのブロンズ像まで立つ。

実は昭和43（1968）年、加藤は「この歌のモチーフは、千葉県御宿の海岸のおぼろ月である」と発言しているのだ。それが〝沙〟でなければならない理由でもあった。歌の舞台が海岸だったからである。しかしなぜにラクダが出て来るのか？

ラクダは『日本書紀』の推古（すいこ）天皇の時代に百済（くだら）から一匹献上されたという記載があり、江戸時代にも見世物として伝来したという記録が残る。だが日本の家畜としては普及しなかった。しかし水を飲まずに砂漠を越えてゆくことができるラクダは困難が訪れたときに手を差し伸べてくれる救世主のような存在なのだ。ラクダのコブを、悲しみ苦しみを背負っていると解釈することもある。

実は、加藤は若き日にも御宿海岸に滞在していたことがあった。結核できれいな空気のこの場所に静養に訪れていたのだ。当時、結核は「不治の病い」と恐れられていた。恐怖感と焦燥感、そして絶望感が生まれた。愛する女性とも別れなければならなかった。苦しみを背負うラクダに自分を重ね合わせ、そしてラクダに救いを求めたに違いない。

この歌がロマンチックなのに、どこか悲壮感にあふれている理由が、そこに凝縮されている気がしてならないのである。

第三章

文月から長月

文月 ふみづき

童謡の日

かなりや

作詞 西條八十

作曲 成田為三

1
唄（うた）を忘れたかなりやは
後（うしろ）の山に棄（す）てましょか
いえいえ　それはなりませぬ

2
唄を忘れたかなりやは
背戸（せど）の小藪（こやぶ）に埋めましょか
いえいえ　それもなりませぬ

3
唄を忘れたかなりやは
柳の鞭（むち）でぶちましょか
いえいえ　それはかわいそう

4
唄を忘れたかなりやは
象牙（ぞうげ）の船に　銀の櫂（かい）
月夜の海に　浮かべれば
忘れた唄を　おもいだす

童謡一号曲は今こそ大切な歌である

唱歌と童謡の違いをよく訊かれる。簡単に申すなら、唱歌は学校で教わる歌。だから教育的で詩も難しく文語的なものが多い。日常では〽春高楼の花の宴……や、〽いかにいます父母……とは確かに使わない。だから当時は「唱歌、校門を出ず」などと言われたものである。さらに日清戦争や日露戦争の頃になると、「戦争に勝てば国が豊かになる」とばかりに「兵隊さん」「靖國神社」「広瀬中佐」に「水師営の会見」。

あの〽ここはお国も何百里……の「戦友」など戦時ものを歌った唱歌が多く見られるようになってゆく。〽われは海の子白浪の……は、今では3番までしか歌われないが、当時は7番まで歌詞があり、〽いで軍艦に乗組みて　我は護らん海の国……と海軍ニッポンを讃えていた歌だった。

そんな時期に夏目漱石門下の小説家、鈴木三重吉は自らの子どもが生まれることにより、当時の読み物や唱歌を耳目に触れ、愕然とする。これでは子どもが可哀想ではないか。〝芸術として真価ある純麗な童話や童謡を制作する運動を起こそう〟。北原白秋、泉鏡花、芥川龍之介ら錚々たる作家や詩人たちに呼びかけたのである。かくして大正７（１９１８）年７月１日、雑誌『赤い鳥』が創刊される。今、この日７月１日は、〝童謡の日〟とされている。

創刊号には白秋の「栗鼠、栗鼠、小栗鼠」「雉ぐるま」が童謡として発表されているが、童謡ははじめ現在のようにメロディーがつけられたものではなく、詩として発表されていた。しかし三重吉は、「唱歌のように歌にしたほうが子どもに広まるだろう」と思いつく。白秋にその旨を伝えたが、「自分の詩は朗読するだけで十分」と断られ、第３号に掲載された「かなりあ」の西條八十に相談。はじめて曲がついた童謡が誕生したのである。「浜辺の歌」の成田為三が作曲し、大正８（１９１９）年５月号の『赤い鳥』に譜面が掲載されるや、わかりやすい口語体で綴られた詩にファンタジックな洋風メロディーがたちまち支持された。翌年には東京・赤い鳥少女唱歌会会員の名でレコードも作られた。そのときに題名が「かなりや」と改められ、〝童謡第一号曲〟として認められたのである。

しかしこの歌、〽唄を忘れたかなりやは　後の山に棄てましょか……だったり、〽柳の鞭で　ぶちましょか……だったり、ちょっと残酷ではないか。

実はこの「唄を忘れたかなりや」にはモデルがいた。なんと八十自身のことだったのである。「かなりや」の詩碑は、東京上野の不忍池のほとりに立っている。この近くに上野倶楽部というアパートがあり、そこが八十の仕事部屋だった。ここで「かなりや」は創作された。

八十は池の周りを歩きながら、新作の構想を練っていた。そのときふと幼い日のある場面を思い出した。八十が5歳のクリスマスイブ、誰かに連れて行ってもらった東京九段坂の番町教会である。天井には電球がたくさん灯されていたが、ちょうど八十の頭上にある電球だけが切れていた。少年はそれを見て、まるでたくさんの鳥たちが美しくさえずっているのに、たった一羽だけ歌うことを忘れてしまった小鳥のように見えたという。考えてみればあの電球は自分と似てはいないだろうか。

彼は学生時代から詩人を志していた。ところが14才のときに父が他界、兄は放蕩の末に借金をこささえ失跡した。残された家族と借金は、八十少年ひとりが見ることになった。夢見る作家生活など続けられるわけがない。株で生計を切り盛りし、天婦羅屋を開いたり、出版社を作ったりと手当たり次第、金になることはやった。しかしどれも意に沿う仕事ではなかった。自分がやりたいことではなかった。

「俺は、まるで〝唄を忘れたかなりや〟じゃないか……。輝きたくても輝けないあのときの電球みたいだ」。

だからと言って山に棄てたり、鞭でぶったりしないでほしい。人間には、スランプというものが必ずある。やりたいにもかかわらず、何かの原因でできない場合だってあるものなのだ。でもそれに対して、「お前はできないやつだ！」と、そんなひと言だけで片付けないでほしい。きっと、もがいているはずなのだ。

そんなときは心やさしい気持ちで見つめてあげよう。〽象牙の船に　金の櫂……を浮かべて、心静かなすがすがしい環境に置いてあげよう。そうすることで「唄を忘れたかなりや」は、〽忘れた唄をおもいだす……のだ。

童謡最初の歌は今の時代にも、いや今の時代だからこそ、忘れてはならないとても大切な歌なのである。

文月

ふみづき

七夕の節句

たなばたさま

作詞　権藤はなよ　補作詞　林　柳波

作曲　下総皖一

1
ささの葉　さらさら
のきばに　ゆれる
お星さま　きらきら
きんぎん　砂子

2
五しきの　たんざく
わたしが　かいた
お星さま　きらきら
空から　見てる

年に一度だけ逢える織姫と彦星

短冊を笹竹に吊るして願い事を書くたなばたは、7月7日七夕の節句である。七夕といえばおなじみ、織姫と彦星の伝説がある。中国で古くから伝わる神話だが、最も古い文献は2600年以上前の『詩経』の中の詩のひとつに語られているほどだ。

昔々、天の川のそばには天の神が住んでいた。天の神の一人娘が織姫である。織姫は機を織って、神様たちの着物を作る仕事をしていたが、姫もそろそろお年頃。父神は娘のために、天の川の岸で天の牛を飼う彦星という若者を婿とした。二人は楽しい結婚生活を送るようになったが、仲が良過ぎて、ともに仕事を忘れて愛し合うようになってゆく。「織姫が機織りをしないので、着物がボロボロです。早く新しい着物を作って下さい」「彦星が世話をしないので、牛たちが病気になっています」と天の神にクレームが入る始末。神は怒り二人を天の川の、東と西に別れて暮らすように命じたのだ。だが織姫のあまりの落胆ぶりに神は見るに見かねて、年に一度、7月7日の夜にだけ逢うことを許したのだった。二人は毎日、その日が来るのを待ちながら仕事に精を出した。そして、待ちに待ったその夜、織姫は天の川を渡って、彦星の所へ会いに行くのである。

ロマンチックな愛を祝うこの祭りは、中国の伝統的なバレンタインデーに相当すると言われてきた。この伝説を基本にして中国では「乞巧奠（きこうでん）」という行事が生まれる。「乞巧奠」は7月7日に、織姫にあやかり機織りや裁縫が上達するようにとお供えをして祈禱する行事である。お供え物は糸。それを竹竿に吊るし星に願いをかけるのだ。星明かりの下（もと）で針に白糸を通すと、織姫の力で裁縫が上達するといわれるものだ。

その中国の風習が奈良時代になって、日本に伝わる。わが国には古来から「棚機津女（たなばたつめ）」という信仰があった。それと合致することで、七夕（たなばたまつ）祭りの風習が作られていったという。「棚機津女」は人里離れた水辺の機屋に女性がひとりで篭（こも）り、棚に機で織った着物を供えて神を迎え、一夜をともに過ごすというもの。翌日、神が帰る際に村人はみなで禊（みそぎ）を行い、神に穢（けが）れを持ち帰ってもらうという考え方である。

さらに室町時代には、芸ごとや文字、詩歌の上達祈願のための祭りに変じた。梶（かじ）の葉に字や和歌を書き、星空に手向けるのだ。そのときのお供え物は筆とされた。それが江戸時代になると寺子屋教育を通じて、字の上達を願う行事へと発展していく。笹竹を立て、芋の葉のつゆで墨をすり、梶の葉に筆で和歌を書くのだ。〽ささの葉　さらさら……である。やがて笹竹が長い竹となり、梶の葉が短冊に変わり機織りの機が、短冊を意味する幡に変わった。そしてそこに願いごとを書くようになっていったのだ。

毎年旧暦七夕の日（８月７日）に「七夕祭（星祭）」を開催する神社がある。それも仁和年間（８８５～８８９年）から１１００年以上も続く歴史ある名古屋にあるその名も〝星神社〟。創建年代は不明だが、延喜式神名帳にある坂庭神社がこの星神社だという。こちらにも七夕伝説が残る。現在の名古屋市の西区あたりに住んでいた青年と、北区あたりに住んでいた娘の話だ。青年と娘は庄内川を挟んで暮らしていたが、二人は恋仲である。いつも渡し舟を使って逢瀬を重ねていた。ところが会う約束の日に大雨が降り、川が決壊するほど増水した。舟も使えない状況にもかかわらず、青年は娘との約束を果たすためにと泳いで渡ることにした。しかし激流は青年をついぞ飲み込んでしまう。その後、青年の水死体が上がったことを知らされ、娘は悲しみのあまり、彼の後を追うように庄内川に身を投げてしまうのだ。人々は庄内川を天の川、星になった二人を彦星と織姫に見立て、その後の幸せを祈りながら七夕伝説として語り継いできた。

そのためこの神社は古くから純真な愛、愛する男女が結ばれる社（やしろ）、そのうちに良縁に恵まれる神社としても名高くなった。さらに芸ごと発達、「星＝スター」の意味から有名な歌手、俳優らの絵馬が多数奉納されている人気スポットでもある。

さて今も歌い継がれる、この「たなばたさま」だが、昭和16（１９４１）年に文部省編発行の『うたのほん　下』にはじめて発表された。国民学校初等科２学年用の音楽教科書だった。この年から太平洋戦争が勃発し、小学校が国民学校の名に変わった。大人はもちろん子どもも含む国民すべてが戦争のために生きる時代が到来したことを意味している。同じ教科書には「ぐんかん」「おもちゃの戦車」といった歌も一緒に発表されていた。当時の短冊には「日本が戦争に勝ちますように」「早く大きくなって立派な兵隊さんになれますように」などと書かれていたのだろう。今の平和に感謝しなくてはならないのである。

葉月（はづき）

お盆 僕は唱歌が下手でした

作詞 佐藤源治

作曲 合田道人

1
僕は唱歌が下手でした
通信簿の乙一つ
いまいましさに　人知れず
お稽古すると　母さんが
やさしく教へてくれました

2
兄弟みんな　下手でした
僕も弟も妹も
唱歌の時間は泣きながら
歌へば皆も先生も
笑って「やめ」といひました

3
故郷を出てから十二年
冷たい風の　獄の窓
虫の音聞いて　月を見て
母さん恋しと　歌ったら
みんなが泣いて　聞きました

4
僕のこの歌　聞いたなら
頬すり寄せて　抱き寄せて
「上手になった良い子だ」と
ほめて下さることでせう
ほめて下さることでせう

みたままつりで出会った詩

『童謡の謎』シリーズの後、私が書いたのは『神社の謎』という本だった。この本もシリーズ化したが、第1弾を書いた年は、日本を代表する神社といえる伊勢神宮と出雲大社の遷宮が60年ぶりに重なっていた。次に重なる60年後には、「さすがに行けないだろう」と思った。そう感じた人が日本中に多かったのか、にわかに〝神社参りブーム〟が起こり、過去最高の参拝者数を記録したのだった。

私はカトリック系の高校に通ってはいたが、日本の歴史そのものという神道には興味があった。今では詣でた神社が優に1000社を超え、各地の神社などで講演などもさせていただくようになった。

現在、私は日本歌手協会で理事長をつとめているが、毎年7月13日から16日に行われる靖國神社のみたままつりで歌手協会では毎年「歌奉納」に参加させていただく。戦争時代に慰問経験がある田端義夫や二葉あき子、それこそ戦争で命を落とし靖國に神と祀られた息子に会いに行く母の姿を歌った「九段の母」の創唱者、塩まさるが元気な頃から続くものだ。それをある時期より、構成と司会で参加することになった。まだ神社というものにハマル以前のことだった。

伊勢はアマテラス大神、出雲はオオクニヌシが御祭神である。いわゆる神話にも登場する神々だが靖國は異なる。祭神は明治維新以降、国家のために殉難した人の霊（英霊）なのである。その数２４６万６千余柱。明治２（１８６９）年に天皇陛下の命により東京招魂社として創建、明治12（１８７９）年に現在の社名に改まった。幕末から明治維新にかけて功があった志士たち、吉田松陰であったり坂本龍馬、高杉晋作、大村益次郎らも維新殉職者として祀られる。女性も西南戦争から日清日露、大東亜（第二次世界大戦）まで病院船や軍病院で働いた看護師、沖縄戦のひめゆり学徒隊や南樺太で自決した電話交換手など5万７千余柱を数える。

東京の夏の風物詩として親しまれ、毎年多くの参拝者で賑わう靖國神社のみたままつりが、日本古来の信仰にちなみ始まったのは戦後昭和22（１９４７）年。その前年に長野県の遺族会が境内で盆踊り大会を開催したのがきっかけだった。

お盆といえば仏教行事のイメージがあるが、日本古来の先祖祀りが元になっているのだ。だから神社であってもお盆の時期には先祖祀りをする。神社の境内での盆踊はそのいい例なのである。盆には祖霊が家に戻る。頬被りで顔を隠すなどして、死者の生き返った姿に扮して人は踊るのだ。その華やかな踊りが霊たちの喜びにつながるのである。旧暦7月15日を中心とした期間だったが、明治に入って新暦の7月15日にお盆は移行した。だがこの時期は農繁期と重なり多忙という地域が多く、月遅れ盆として新暦8月15日をお盆とみなすようになった。しかし靖國のみたままつりは、新暦7月15日前後に定着したのである。

ある年のまつりの日に、私は靖國境内にある遊就館に入った。同社の祭神ゆかりの資料を集めた宝物館で、日本における「最初で最古の軍事博物館」でもある。戦没者の写真や遺品などが並ぶ中にひとつの詩があった。詩というよりは、それは遺言ともいうべきものだった。兵士からお母さんへの手紙のようなものだ。そこには「僕は唱歌が下手でした」というタイトルがあった。これを書いたのは佐藤源治陸軍曹長。戦争のためジャワ島へ赴いたが敗戦。戦争に負けたことで、そのまま身柄は拘束された。

ジャワ島にあるツビナン牢獄に収容されたのである。故国の土を踏むことを夢見ていたが、32歳で法務死する。

唱歌が苦手だった幼少期、通信簿の評価も〝乙（おつ）〟。当時の学業成績表は〝甲乙丙丁（こうおつへいてい）〟の4段階だった。乙ひとつでくやしがっているのだから、あとの教科はすべて甲だったのだろう。なかなかの天才児だ。唱歌だけ克服できたらと、一人で練習していると母が教えてくれた。学校を出てお国のためにと戦地へ向かい、そこで終戦。母を思い出しながら歌ったら、牢獄の中の戦友たちがいっしょに泣いて聞いてくれた。歌は心で歌うものなのだ。母さん恋し、ふるさとに帰りたいという思いがその歌を膨らませた。私はこの詩に曲をつけた。「童謡の謎」「神社の謎」を書いた歌手だからこそ、歌わなければいけない歌だと思った。CDに吹き込んだとき、3番の後ろに、〽恋しやふるさと　なつかし父母……という唱歌「旅愁」の一部分を挿入した。悔しかっただろう、日本に帰りたかっただろう。母さんに歌を褒めてほしかったことだろう。

こうした先人たちがいたからこそ今の平和がある。感謝の心がわいてきた。この悲しみ、悔しさを歌を通じて伝えなければいけないと強く思った。

葉月
はづき

海の日

ウミ

作詞 林 柳波

作曲 井上武士

1

ウミハヒロイナ　オオキイナ
ツキガノボルシ　ヒガシズム

2

ウミハオオナミ　アオイナミ
ユレテドコマデ　ツヅクヤラ

3

ウミニオフネヲ　ウカバセテ
イッテミタイナ　ヨソノクニ

夢が広がる歌詞に隠されたものとは？

夏休みがやってくる。夏は海の季節。海水浴は子どもにとって、楽しみな年中行事のひとつといっていい。

「海の日」が制定されたのは平成7（1995）年のこと。翌年の7月20日から国民の祝日になった。世界中の国の中で「海の日」を休日にしているのは日本だけである。しかし現在は7月20日に固定せずに7月の第3月曜日が「海の日」になっている。国民の祝日の一部を、決められた日から月曜日に移動させるハッピーマンデー制度ができ、月曜日を国民の祝日とすることで土曜、日曜と合わせ3連休とすることで、余暇を過ごしてもらおうという趣旨で制定されたものだった。そのため、7月20日だった「海の日」もその年によって移動することになった。これによって「成人の日」「敬老の日」「スポーツの日（旧・体育の日）」が年によって日にちが変わることになった。

しかし「海の日」が7月20日になった理由はある。この日は以前から「海の記念日」と呼ばれていたのだ。

明治9（1876）年、天皇陛下が東北地方を巡幸された際、使われた船はそれまでの軍艦ではなく、灯台視察船の「明治丸」だった。7月20日、無事に横浜港に入港、横浜御用邸である伊勢山離宮へご帰還なされた記念日こそがこの日だったのだ。その史実から昭和16（1941）年に逓信大臣の村田省蔵が提唱、制定したのである。

そんな海を歌った代表的な唱歌が、〽ウミハヒロイナ　オオキイナ……である。

この歌が文部省発行の教科書『ウタノホン（上）』に「ウミ」のカタカナ表記で掲載されたのもまた「海の記念日」が制定された昭和16（1941）年だった。この昭和16年という年がこの歌のキーワードともいえるのだ。

海沿いに生まれ育った人にとって、海は友だち。小さいときから海と親しみ、海の恐さもしっかりと教えられている。反対に海のない場所で育った人にとって、海は憧れそのものである。はじめて見た広大な海に驚き、歓喜して思わず、〽ウミハヒロイナ　オオキイナ……と歌ってしまう。

〽ウミニオフネヲ　ウカバセテ……、（昭和54（1979）年までは〝ウカバシテ〟

と歌った)。〽イッテミタイナ　ヨソノクニ……、夢が広がる、大海を越えて船で外国航路を越えて外国に行く喜びが浮かんでくる。沖縄の海を連想する人もあれば、ハワイやサイパンにバカンスに行く光景を思い浮かべる人もいるだろう。けれどこの記念日と歌が生まれた年を考えてみると、この歌の影に潜んでいる本質が見えてくる。この年は太平洋戦争が勃発した年なのである。

いや、すでに昭和6(1931)年の満州事変に始まって、かれこれ10年もの間、日本は戦争とともに歩んでいた。日中戦争を経て、とうとう世界中を敵に回した世界大戦へと突入していった年こそがこの年なのである。日本に伝えられるニュースは、日本の勝利ばかりだった。しかしそれも日が経つにつれ劣勢化。しかし国民には勝利、優勢の声しか届かなかった。あと一歩で日本は世界一、強い国になることを誰もが信じて疑わなかった。男たちは勇んで戦場へと向かった。男の子たちは決まって、〝将来は、兵隊になりたい!〟と声を上げた。兵隊になることこそ立派ですばらしい生き方であると教育された。

子どもたちの夢がぎっしり詰まっている歌「ウミ」。そうなのだ。当時の夢というものは戦争に勝つことであり、兵隊になることだった。これこそが現実的な夢だった。そうして国民学校ができた年の一年生が習う歌として「ウミ」が作られた。

この歌詞には早く大きくなって海軍の兵隊になり、〽イッテミタイナ　ヨソノクニ……、船に乗り敵国を攻めたい……という願望が含まれていたのである。

現在、こんな気持ちで歌っている子どもはもちろん、お父さんもお母さんも先生もいないはずだ。その裏側に隠された本当の意味など、身を持って知らなくていい。いや、知ってはいけないのだ。だからこそ、知っておく必要があるのだ。子どもも私たち大人も平和の大切さが、少し当たり前になってしまっている気がする。これは、幸せというものを見つめ直すきっかけを与えてくれる歌のひとつだと思っているのだ。

コロナのときに奪われて知った〝当たり前の自由〟、〝日常の生活のありがたさ〟に通じるものがこの歌にはあるはずなのだ。

葉月
はづき

山の日

アルプス一万尺

アメリカ民謡　訳詞　不詳

1
アルプス一万尺
こやりの上で
アルペン踊りを　さあ　踊りましょう
※ランラララ　ラララ
ランラララ　ララ
ランラララ　ラララ　ララララ※

2
昨日見た夢
でっかいちっさい夢だよ
のみがリュックしょって
富士登山
※くりかえし

3
お花畑で
昼寝をすれば
ちょうちょが飛んできて
キスをする
※くりかえし

4
一万尺に
テントをはれば
星のランプに
手がとどく
※くりかえし

アルペン踊りを踊るって何？

日本の国土は、およそ6〜7割が山地である。周りを海に囲まれているため、昔から山や海には神が住んでいると畏敬の念を抱きながらも、その恵みに感謝しながら生きてきた。「海の日」があるなら「山の日」もと国民の祝日に制定されたこの日は、「山に親しむ機会を得て、山の恩恵に感謝する」という趣旨を持つ。

「山の日」制定の歴史は、昭和36（1961）年に始まる。この年の7月下旬から「立山大集会」というイベントが開かれ、「山の日を制定しよう」という提唱がされた。しかし実現されぬまま時は経つ。平成7（1995）年に「海の日」が決まると、富士山がある山梨県など複数の府県がそれぞれの「山の日」を作り出した。FAO（国際連合食糧農業機関）が国際山岳年と定めた平成14（2002）年になって、山の日の制定が改めて叫ばれ、やっと国民の祝日にする運動が全国に広がっていった。さて何月何日が「山の日」として適当だろうか？

休日がない6月はどうか？　富士山の山開きとなる7月初旬は？　「海の日」の翌日が「山の日」というのがよかろう。登山の語呂合わせで、10（と）月3（ざん）日は？　などさまざま考えられたが、最終的にお盆休みと連続させやすいという理由でお盆前の8月12日を祝日にする案が採用された。だがこの日は昭和60（1985）年、世界最多の犠牲者を生んだ日本航空墜落事故発生の日である。しかも123便の墜落場所は御巣鷹（おすたか）の尾根、つまり山である。御巣鷹山がある群馬県選出の衆議院議員だった小渕優子（おぶちゆうこ）らが「事故が起きた日をお祝いするのはいかがなものか？」と懸念を示した。再度見直し。最終的に前日の8月11日を「山の日」とし、平成28（2016）年に祝日としてスタートしたのだ。8月11日に決まってから、8月の「八」が山の形をしている、「11」は山に木が立ち並ぶイメージがあるとされたが、さすがにこれは後付けの感がぬぐえない。

さて「ふじの山」をはじめ、〝山〟を歌った歌は数多いが、特に「山男の歌」「雪山讃歌」など〝うたごえ喫茶〟で流行した愛唱歌が今も歌われている。各地で歌い継がれていた歌を、東京に出てきた若者たちによって「この歌は私のふるさとの○○で歌われていた歌」という形で〝うたごえ喫茶〟で歌い、それが広まることで全国的なヒット曲に育ってゆくケースだ。そうなればあの「アルプス一万尺」も〝うたごえ～〟から広まった一曲だった。いや、確かあれは外国曲。アルプスだから相当遠くの国の歌が広まったものである。ところがこの歌は外国曲は外国曲なのだが、原詩と日本詩が全く違う。違うどころか原詩には「アルプス」などひとことも登場してこないのである。この歌は登山愛好者たちによって日本で詩が付けられ、山を愛する人たちによって戦前から歌い継がれてきた「山の歌」だったのだ。

〽アルプス一万尺　こやぎの上で……？　なんだか小山羊にまたがってアルペン踊りのように飛び跳ねている様を想像する。アニメ「アルプスの少女　ハイジ」のイメージからだろうか。無垢でお転婆なハイジだったら、小山羊の〝ユキちゃん〟にまたがって踊っている気もする。いや、ちょっと待って！　これ正解ではありません。「小ヤギの上」と歌ってなんかいない。実際は「小ヤリの上」。小ヤリ？　ヤリにまたがって踊る？　ますます意味不明じゃないか。どういうことだ？

アルプス……、これハイジが登場してくるアルプスではないのだ。なんと日本アルプス、それも飛騨山脈を有する北アルプスが舞台だった。その鍵こそが、〝小ヤリ〟なのだ。小ヤリは「小槍」と書く山の名前だった。北アルプスの槍ヶ岳（やりがたけ）の隣にそびえる槍のようにとがった山こそが「小槍」。その高さは３０３０メートルある。この長さは日本的に言えば「一万尺」。そうである。この「尺」は高さのことなのである。

と、なれば小槍に登り着いた男たちが、喜びのあまりアルペン踊りを踊ったという歌だと解することができる。だが、小槍は山というより断崖絶壁の岩の斜面のような場所で、なんとか頂上にたどり着いても、人ひとりがやっと立てるぐらいの広さしかないのだ。いくらなんでも、アルペン踊りなんて踊れやしない。いや、実はアルペン踊りなんていう踊りは実際には存在しないのだ。ではアルペン踊りとは一体？

この難所を登るときに必要なのはザイル・ロープ、命綱である。岩場の途中で足を滑らせることもあろう。命綱だけが頼りの男たちは、クルクルとターンする。見守る仲間がそれを見上げながら「まるで踊っているみたいだ」と声を上げた。ヒヤヒヤさせるクルクルターン、まさにあれこそが「アルペン踊り」の正体のようである。

長月 ながづき

終戦記念日

リンゴの唄

作詞 サトウハチロー

作曲 万城目 正

1
赤いリンゴに　唇よせて
だまって見ている　青い空
リンゴは何んにも　言わないけれど
リンゴの気持は　よく分かる
リンゴ可愛や　可愛やリンゴ

2
あの子よい子だ　気立てのよい子
リンゴによく似た　可愛い子
誰方が言ったか　うれしい噂
軽いクシャミも　飛んででる
リンゴ可愛や　可愛やリンゴ

3
朝の挨拶　夕べの別れ
いとしいリンゴに　ささやけば
言葉は出さずに　小首を曲げて
明日もまたねと　夢見顔
リンゴ可愛や　可愛やリンゴ

4
歌いましょうか　リンゴの歌を
二人で歌えば　なお楽し
みんなで歌えば　なおなお嬉し
リンゴの気持を　伝えよか
リンゴ可愛や　可愛やリンゴ

リンゴ高いや、高いやリンゴ

8月15日は終戦の日である。満州事変に始まり日中戦争を経て、昭和16（1941）年12月8日のハワイ真珠湾攻撃で第二次世界大戦に突入した日本だったが、数多い犠牲者を出して終結した。もともとこの第二次世界大戦は、1939年9月に日本、ドイツ、イタリアの枢軸国（すうじくこく）とイギリス、フランス、中国、ソビエト連邦（ロシア）、アメリカなど連合国との間で起きた世界的規模の戦争だ。枢軸国とは連合国と戦った諸国を指す名称である。最初はドイツのポーランド侵入に対しイギリス、フランスが対ドイツ宣戦により勃発するのだが、日本のアメリカとイギリスへの宣戦によって世界大戦に発展していく。

昭和20（1945）年8月6日、広島への原子爆弾投下により、多くの命が奪われた。日本はそれでも本土決戦の覚悟だった。いや、原爆がどんなものであるか、まだ見当がつかなかったのだ。しかし9日未明、それまで中立国で和平協定を結んでいたソ連軍が急遽参戦、日本に押し寄せてきた。さらに9日には長崎への原爆投下、政府は翌日から御前会議を開き、14日になってポツダム宣言を受諾したのだった。

8月15日。正午の時報のあと、当時唯一の放送局だった日本放送協会（NHK）の和田信賢（わだのぶかた）アナウンサーが、「只今より重大なる放送があります。全国の聴取者の皆様ご起立願います」と発した。国歌「君が代」が演奏され、玉音（ぎょくおん）の「大東亜戦争終結ノ詔書（しょうしょ）」が放送された。電波が悪く聞き取りにくかった、何をお話しされているか分からなかった……という話はのちに伝わってはいるが、天皇陛下自らのお声によって戦争の終わりが告げられたことには違いなかった。この放送が行われた8月15日を終戦の日（終戦記念日）とよび、以後毎年のように政府主催による全国戦没者追悼式が日本武道館で行われ正午に黙祷を捧げる。

戦争の終わりを受け取った日本人たちは、あの日の空をただ見つめていた。東京の空は油照りだった。大阪は白い雲を浮かべ、四国と九州の空には少し風があった。けれどその日、日本の空はたったひとつの色をしていたはずだ。それこそが新しい時代の夜明けの色だったのである。唇をかみしめながら空を見上げていた人々の唇にはじめて甦った歌、それが戦後最初の流行歌「リンゴの唄」だった。「この歌に出会わなければ、日本人はこんなに明るく立ち上がれなかったかもしれない」と言われる。食べる物もなく住む所もなく、戦地から戻らない人を待ちながら、大切な人たちとも別れて……。でも苦しみを振り払っても歩いてゆかなければならない、生きていかねばならなかった。人々に希望を与えた「リンゴの唄」を歌った並木路子も、3月10日の東京大空襲で母親との永遠の別れを体験していた。

この歌は、戦後最初に封切られた映画「そよかぜ」（松竹）の主題歌である。しかし、戦争が終わってわずか2ヶ月も経たぬ10月11日に映画が封切られているのだ。この物資不足の中で、よくフィルムなどすぐに入手できたものだ。なぜだ？

実はこれは戦後になって企画された映画だと思われがちだが、すでに戦時中、音楽映画を作るための配給フィルムとして映画会社に手渡されていたのだ。軍人たちを美しい音楽で慰めるドイツ映画「希望音楽会」に対するように、戦中の苦しみにあえぐ人々の気持ちを少しでも明るくするような音楽映画を作ろうとしていたのだ。しかしそのフィルムは使うことがなかった。戦後第一号のスピード上映ができた理由はここにあった。

「そよかぜ」の映画も主演した並木に生前、聞いたところによれば、「戦争が終わってすぐに撮影が始まったものですから、主題歌もできていなかったんです。でも映画には秋田の子どもたちと一緒に、この歌を歌うシーンがあるんです。万城目先生（正）から、その部分は『丘を越えて』をみんなで歌っておいてくれ…と連絡が入ったんです。そこに後から完成した『リンゴ〜』を入れ替えたんです。試写会で見たとき、あまりに口がピッタリ合っていたものだから、映画って随分インチキね！　って思ったものでした（笑）」。

　上映は始まったがプリントされたのは2本だけ。映画館自体が空襲で焼けていたり、残っていても映写機や椅子がなかったりで、映画自体はヒットしなかった。ところがこの明るい歌声は巷に流れて行った。食糧難の時代、リンゴは夢のまた夢の食べ物だった。闇市で求めるリンゴ一個の値段は5円、今なら5000円というところか。ラジオから流れる明るい歌声の、〽リンゴ可愛や　可愛やリンゴ……は、たちまち、〽リンゴ高いや　高いやリンゴ……と替え歌にされたほどだった。

長月
ながづき

防災の日

夕焼小焼

作詞　中村雨紅
作曲　草川　信

1
夕焼小焼で日が暮れて
山のお寺の鐘がなる
お手々つないで　皆帰ろ
鳥と一緒に帰りましょう

2
子供が帰った後からは
圓い大きなお月さま
小鳥が夢を見る頃は
空にはきらきら金の星

関東大震災が生んだ名作童謡

9月1日は「防災の日」である。大正12（1923）年9月1日に発生した関東大震災の日だ。死者行方不明者は推定で10万5千人を超え、建造物は倒壊し火災が発生。明治以降これまでの日本の地震としては、最大規模の被害となっている。

9月1日近辺の日を「二百十日」という。立春から数えて210日目（立春の209日後）で、台風の多い日、もしくは風の強い日ともされる。それもふまえ地震や台風、高潮や津波などの災害の知識を深め、いざという時のために対処できる心構えを持つようにと、昭和35（1960）年に制定されたのが「防災の日」。さらにこの日から1週間を「防災週間」とよぶ。

関東大震災が起こって2023年でちょうど100年。あの日、午前11時58分32秒、突然に地面は激しく揺れた。神奈川県および東京府（現・東京都）を中心に隣接の茨城県、千葉県から静岡県東部までの内陸と沿岸の広範囲で甚大な被害を被った。

そしてこの日は、日本海沿岸を北上する台風が発生していた。強風が吹いていたのである。さらに当時の建物はほとんどが木造だった。東京は住宅が密集していたため、火災が広範囲まで拡大した。昼の時間だったことも不運だった。昼の食事の用意のため、かまどや七輪に火を起こしていた家が多かったからだ。さらに燃えやすい布団や簞笥などの家財道具を大八車などに乗せて逃げようとした人も多かったから、火の海と化したのである。

東京直撃だったため、国家の機能も麻痺状態となってしまう。俊敏な対応をしなければならなかったが、震災発生の8日前の8月24日に加藤友三郎総理大臣が急死していた。すぐに内田康哉外務大臣が、内閣総理大臣を臨時兼任し、さらに翌日の2日には山本権兵衛が新総理に就任、復興事業が進められた。

新聞社の社屋も焼失。残ったのは、東京日日新聞だけだった。翌日の新聞には「電信、電話、電車、瓦斯、山手線全部途絶」、その後も「火ぜめの深川 生存者は餓死」など悲惨な見出しが並んだ。その頃、巷で流行していた歌があった。流行歌の第一号曲とも呼ばれる、〽俺は河原の枯れすすき……、「船頭小唄（枯れ芒）」である。作家の幸田露伴（こうだろはん）は、「このような頽廃的な歌が流行（はや）ったから大震火災が起こったのだ」と発言し話題になったものだった。

この歌が震災を引き起こしたというのなら、震災ゆえに広まった歌もある。それが童謡の代名詞ともいえる、〽夕焼小焼で日が暮れて……なのである。

この童謡、「夕焼小焼」が『文化楽譜・あたらしい童謡』の誌上で発表されたのは、この年の7月31日のこと。震災1ヶ月前のことだった。それもこの楽譜は、一般では手に入らないものだった。当時としては珍しい、輸入ピアノを売る楽器店、鈴木ピアノが購入者だけにプレゼントするための譜面だったのだ。ピアノを買う人など上流家庭に限られていたし、まだまだ少数だった。新人作詞家だった教員・中村雨紅（なかむらうこう）が詩を書き、「ゆりかごのうた」の作曲者、草川信（くさかわしん）がメロディーをつけたが、まだレコード産業も発達していないし、ラジオ放送も始まる前である。人々の耳に届く期待値は、ゼロに等しかった。現にラジオは震災後に行方不明者を捜す手助けや、被災の情報を把握するため急ピッチで放送が開始され普及するのだ。

さて、「夕焼小焼」が載った楽譜集は、地震のせいでこの世から消え失せた。いや、それなのにこの歌は消え失せなかったのである。なぜか？　なんと、わずかに人手にわたっていた中の、たった13冊の楽譜が燃え残り、それがこの歌を広める結果を生むのである。中村雨紅夫人の妹、梅子も義兄同様に小学校の教員だった。震災で親を亡くした子どもたちを勇気づけようと、この歌を教えた。同時に子どもを失った親たちもたくさんいた。焼野原に立ち尽くしながら、はじめて聞く「夕焼小焼」の歌に、人々の命を奪ったあの日を思い浮かべた。

〽夕焼小焼で　日が暮れて……、まるで夕焼けのように燃え盛った火も、やっと消えた。〽山のお寺の鐘がなる……、しかし大切な人はもういない。お寺は死者が弔われる場所だ。〽お手々つないで　皆帰ろう　烏（からす）と一緒に　帰りましょう……。いや皆で帰ることなどできなくなった。手をつなぐことも叶わぬ夢なのだ。からすは死者の使いとも不吉な鳥とも言うではないか。素朴な歌詞が胸をさした。涙があふれてきた。この歌はまるで大震災に遭った人々のための、自分たちのための歌に聞こえて仕方なかった。被災の地から大きなうねりとなって、この歌は生まれ変わり、誰もが知る童謡になった。

長月
ながづき

カラスの日

七つの子

作詞
野口雨情

作曲
木居長世

からす　なぜなくの　からすは山に
かわいい　七つの子があるからよ
かわいい　かわいと　からすはなくの
かわい　かわいと　なくんだよ
山の　古巣へ　いって見てごらん
丸い目をした　いい子だよ

七つの子って七羽？　七歳？

ゴミ荒らしの名人ならぬ名鳥（？）。土葬だった時代に、カラスが死体を食い荒らしていた記録が残っていたり、黒色自体が不吉を感じさせたりすることで、カラスの人気はあまり芳しくない。いやいや反対に日本の天皇を導いたのは3本足の八咫烏であるし、そんなことからサッカー日本代表のマークはカラス。カラスこそが守り神ともされているのだ。その「カラスの日」というものが存在しているのをご存じだろうか？「カラスの日」は、9月6日なのである。なぜ？

9・6……語呂合わせで〝くろ〟。真っ黒い羽を持つカラスの記念日にはもってこいだ。でも〝黒〟だけなら「胡麻の日」であっても「海苔の日」であってもよさそう。そうなのだ。カラスは黒いから9月6日なのではなく、英語でカラスは、「CROW（クロー）」、つまりクロー＝9（く）6（ろー）ということなのである。一般社団法人日本記念日協会によって、しっかりと認定、登録されている日だ。

さてこのカラスの歌と言えば、何と言っても〽からすなぜなくの……をすぐに思い出す。タイトルは「七つの子」。これは大正10（1921）年7月の童謡雑誌『金の船』で発表された。作詞した野口雨情と作曲の本居長世が相談しながら作った作品だという。雨情が明治40（1907）年に民謡月刊詩集『朝花夜花』で発表した「山鳥」を元に新たに書き改めた。大正終わりから昭和はじめに、本居の娘、みどりが歌ったレコードも発売されたが、次第に忘れ去られた。それが戦後、高峰秀子主演の映画『二十四の瞳』で高峰演じる大石先生と子どもたちが合唱するシーンで使われ、テレビ時代になってからは「8時だョ！全員集合」の中でドリフターズの志村けんが、〽からすなぜなくの　からすの勝手でしょう……と歌ってまたまた注目された。今もなお音楽の教科書に掲載される歌の一曲である。

しかしながらこの歌は、どうも間違って覚えて歌っている箇所がある。ちょっと歌ってみてほしい。〽かわい　かわいと……と歌うところ、〝か～わい　か～わいと〟……と歌っていないか？　本居の譜面をよく見ると、ひとつめの〝かわい〟は〝か～わい〟と〝か～〟を伸ばさず、ひとつずつ〝か・わ・い〟と歌い、次の〝かわい〃を〃か〜わい〃と歌うようにかかれているのだ。それなのになぜか、〜〃か〜わい、か〜わい〃とからすはなくの……と、歌っている人が多いのである。

間違いといえば、この題名「七つの子」から来る思い込みもある。果たしてこの「七つの子」の〃七つ〃とは、七羽のカラスを歌った歌なのか、七歳のカラスを歌った歌なのかが疑問である。普通、〃ひとつ〃や〃ふたつ〃〃ななつ〃と「〜つ」と使う場合はどんなときか？「このおまんじゅう、ひとつください」などと使うから、その場合は〃一個〃くださいという意味になる。ほかに「お嬢ちゃん、お年は？」と訊かれたら、「よっつです」とか「ななつです」となる。年齢を答える際にも「〜つ」という使い方になる。そうなればこの「七つの子」とは、「七個の子」なのか「七歳の子」ということになるはずだ。ところが講演会などでお客さんにこれを質問すると、ほとんどの人が「七羽のカラスの子」のことだと思っている。確かにこの歌が載せられた雑誌の挿絵などには、巣の中に七羽の子ガラスが描かれ、親鳥から口移しでエサをもらっている情景がよく描かれているではないか。

そこで私はあるとき、鳥類研究所に電話を入れたことがある。

すると決定的なことを知った。カラスは一度に卵を〝七つ〟も産まないというのである。カラスは年に一度産卵を行い3個から5個産む。産卵後は生まれた順に母鳥は卵を温める。そのため孵化する時期も異なれば、大きさも違う。つまりたとえ5個生まれてもすべてが孵化する確率は低く、孵化したとしてもすぐに何羽かのヒナが死ぬケースも多いのだ。だからひとつの巣の中に「七つの子」がいること自体、あり得ないのだ。と、なれば俄然、〝七歳のカラスの子〟ということになるが……。しかしカラスは6歳から7歳までが寿命とされる。「七つの子」が「七歳の子」であるならば、かわいいかわいいおじいちゃんやおばあちゃんガラスになってしまう。それを、〝まるい目をしたいい子……と表現するのはいかがなものか。

実はこの歌は人間の七歳の子どもを、カラスにたとえていた。日本には〝七五三〟という風習がある。昔は医療の発達が遅れていたため、抵抗力のない子どもはよく死んだ。そんな子どもがやっと〝七つ〟になったと祝う行事だ。ここからは間違いが起きない限り、元気に羽ばたいて行ける。身近な鳥、カラスにたとえて大空高く飛び立ってほしいという親の願いが、この童謡には隠されていたのだ。

長月

ながづき

重陽の節句

きく（庭の千草）

アイルランド民謡　訳詞　里見 義

1
庭の千草も　むしのねも
かれて　さびしく　なりにけり
あゝ　しらぎく　嗚呼　白菊
ひとり　おくれて　さきにけり

2
露にたわむや　菊の花
しもにおごるや　きくの花
あゝ　あわれあわれ　あゝ　白菊
人のみさおも　かくてこそ

最初は菊ではなく薔薇の歌だった

9月9日は重陽の節句。菊の花を飾ったり、菊の花びらを浮かべた菊酒を飲んだりして、不老長寿を願う行事である。これは平安時代の初めに中国から伝わった。中国では祖先の墓を訪れて敬意を払う日とされているのだが、日本ではこの前夜に菊に綿をおいて露を染ませ、身体をぬぐうという習慣があった。菊には邪気を払う力があるとされていたからである。

中国では奇数のことを陽数といい、縁起がよいとされる。その中で最も大きな陽数の「9」が重なる9月9日が最良の日なのである。一方で陽数が重なると、パワーが強すぎることから災いも起こりやすいともされた。よくないことが起きないようにと、9月9日には邪気を払う風習が根づいたのである。

ほかの五節句とともに日本に伝わったが、平安貴族を中心に季節の移ろいを知らせる五つの節句は日本にはなくてはならないものになった。さらに江戸時代になると、公家から庶民の間にも広く親しまれるようになった。しかし、ひな人形を飾ったり、鯉のぼりや短冊によって今も生き抜いているほかの節句に比べ、9月9日はどうも影が薄い気がする。なぜだろうか？

実はこの五節句は、明治の新暦改暦の公布のときに「五節句廃止令」というものによって一度失くされている。これも暦が変わったからである。だが、ほかの節句は新暦へ日付が変わってもそのまま催され続けたが、重陽の節句だけは違った。それまでの旧暦9月9日は、現在の10月中旬頃だから、菊の花が美しく咲き、見頃を迎える時期だ。ところが新暦になると菊もつぼみになるかどうかという時期。夏の暑さもまだまだ残っている。つまり季節感を失ったことが廃れゆく最大原因だったと考えられるのである。菊自体が咲いていなければ邪気も払えないわけだから……。

しかしながら、重陽の名残りが残る地域もある。たとえば九州地方の「くんち」という祭礼。長崎くんち、唐津くんち、博多おくんちは「日本三大くんち」だが、この〝くんち〟とは9日のことをさしている。作物収穫時に感謝の意を込めた秋祭りとして生きのびているわけだ。ほかにも育てた菊の花を持ち寄って美しさを競う品評会

「菊合わせ」や、花びらを蒸して冷酒に漬けることで、高貴な花の香りを楽しみながら飲む「菊酒」も重陽の名残といっていい。

さてその菊なのだが、日本には元々タンポポなどの野菊は自生していたものの、家菊や栽培菊はなかった。まさしく「重陽の節句」とともに中国から平安時代に入ってきたのである。鎌倉時代に後鳥羽上皇が菊の紋を皇室の家紋としたことから、菊は桜と並ぶ日本を象徴する花、つまり国花とされたのである。

そんな菊を歌った歌の中に明治17(1884)年の『小学唱歌集』第3編で発表された、題名もズバリ「菊」がある。でもこの題名ですぐに「あの歌だ!」とイコールさせることができる人は、どれほどいいるだろうか。歌詞の中には、〽あゝ しらぎく、嗚呼(ああ) 白菊(しらぎく)……と確かに歌われてはいる。ところが歌の出だしの、〽庭の千草も むしのねも……の文句のほうが一般に広まり、いつの間にかこの歌は「菊」というより、「庭の千草」というタイトルで長年にわたって、日本人に親しまれるようになっていったのだ。「庭の千草」なら知っている! という人も多いことだろう。

さてこの曲は元来、アイルランド民謡だった。明治期に始まった学校における音楽教育、唱歌の時間のために外国曲が選ばれ、そこに日本詩を当てはめて習い歌うことは「ちょうちょ」の項などでもふれたが、これも同一といえる。しかしこの「菊」の原題、実は「夏の名残の薔薇(ばら)」というのである。薔薇が菊に変身している。

原詩を見てみよう。秋風が吹き始めた庭に、たった一輪だけ咲き残った老境を象徴するかのような淋しい薔薇。しかし日本語詩をつけた里見義(さとみただし)は、日本人気質を考えた。華麗だが大輪ですべての中心にあるような薔薇はまだ日本には、なじみが薄かった。それよりも、たとえ道端であってもたくましくもひそやかに咲いている野菊こそ日本の、特に女性たちの心得であり美学と通じるのではないか。一緒に咲き誇った仲間たちがみな先に枯れ、一本だけ咲き残ったとしても、凛々しくめげずに生きてゆきたい。〽あわれあわれ……、人のみさおも、かくてこそ……。みさおとは、心変わりなく志しを守り抜くことである。まさしく日本女性の美しさ、やさしさ、奥ゆかしさ、強さが「菊」には、表されていたのだ。

長月 ながづき

十五夜

お月様と影ぼうし

作詞 三浦綾子

作曲 合田道人

1
人まねこまねのお月様
わたしが歩むとお月様
笑いながらも歩いてる
わたしが止るとお月様
笑いながらも止ってる

2
人まねこまねのかげぼうし
歩むとまねするかげぼうし
わたしのまねして歩いてる
止るとまねするかげぼうし
わたしのまねして止ってる

3
人まねこまねのお月様
人まねこまねのかげぼうし
お月様はお兄様
かげぼうしは弟で
二人はきっと兄弟だ

有名作家が4年生のときに書いた「月のうた」

月見といえば、お団子にススキ。毎年旧暦8月15日が、いわゆる「十五夜」。一年中で最も美しく月が見える日とされる「中秋の名月」である。しかし、いつも満月とは限らない。旧暦で数えるから、毎年日にちは変わる。2023年は9月29日だったが、2024年は9月17日で2025年は10月6日が、旧暦8月15日ということになる。

十五夜の行事は中国から伝わったが、暗闇を照らす月光は、まさしく不思議なパワーを感じさせる。

現在では十五夜だけが一般的だが、本来は十五夜の後の旧暦9月13日の十三夜を見ることで「両見月」として月見は完遂した。江戸時代の遊郭などでは、どちらか片方の月見しかしない客を「片見月」とよび、縁起が悪いとされた。そのため客が、十三夜にも来訪するように誘う風習があったほどである。ちょうど米の収穫時期が近いために、この年の豊作を祈願して月に見立てた団子をこさえて食べる。農作業は月の満ち欠けに合わせて行っていたため、五穀豊穣をもたらす神こそが月であり、子孫の繁栄を見守ってくれる神でもあったのだ。

　ではなぜ、ススキなのか？

「秋の七草」のひとつでもあるススキは、その独特の形と風に揺れる様から、古来多くの信仰の対象となっていた。神様を呼ぶ「依り代（よりしろ）」こそがススキだった。

「依り代」とは、神様が人間界に降りてくるため場所を知らすための目印のことである。元来は稲穂を飾るべきなのだが、月見の時期には稲穂がまだ成熟していない場所もある。そのため形状が似ているススキを代わりとし、供えるようになったという。同時に「魔除け」の力も備わっている。葉の切り口が鋭いことから邪気を払う力があると考えられていたのだ。

　そんな月の歌として、〽出た出た月が　まるいまるいまんまるい　盆のような月が……（ツキ）だったり、〽うさぎうさぎ　何見てはねる　十五夜お月さん見てはねる……（うさぎ）、〽十五夜お月さん　御機嫌さん……（十五夜お月さん）など、古くから歌われる童謡唱歌が多い。お月さまにはうさぎが住み、餅つきをしている……と信じていた人もたくさんいた。現に人類が月面到着に成功したのは、１９６９（昭和44）年のアポロ11号が初である。そのニュースを聞いたとき、小学校の低学年だった私は「あゝうさぎはいなかったのかな」と真剣に思ったものだった。

小学生が書いた詩に私が作曲、平成26（２０１４）年の、それこそ8月9月のＮＨＫの「みんなのうた」で放送された歌に「お月様と影ぼうし」という新童謡がある。その詩を書いた小学生とは、のちに「氷点」「塩狩峠」などの作品で日本を代表する女流作家となる三浦綾子（みうらあやこ）（１９２２〜１９９９）である。ちょうどデビュー作の「氷点」が発表されて50年目の年のことだった。「氷点」の舞台で三浦も夫婦で亡くなるまで暮らした旭川市に建つ三浦綾子記念文学館では、記念の会を開くためにとそれまで書いた直筆の原稿や関連のものを調査探索していた。そんなときに、彼女が当時通っていた旭川の小学校でひとつの詩が見つかったのだ。小学校4年生の「ほったあやこ」ちゃん。のちの三浦綾子が書いた「お月様と影ぼうし」。

古い学校の使われなくなっていた教室に残されていた文集の中にその詩はあった。

読んでみると、「これが小学生?」と疑うほどの力量。そのリズムのよさ、みずみずしくも抜群のセンスは、まさしくのちの天才作家につながる証（あかし）といってもいい。

実は私は中学1年生のとき、父の仕事の関係で旭川に転校した。父・一道（いちどう）はノンフィクション作家だが、当時は北海道新聞社の記者だった。新聞連載の作品として三浦綾子に依頼し、父が担当した作品が「泥流地帯」だった。そんな縁から私も何度も三浦宅にお邪魔した。家にはオルガンがあり、私は得意げに弾きながら歌ったり、クリスマス会などでは集まった近所の子どもたちの歌にオルガンで伴奏したりした。三浦夫妻はいつもにこやかに私たちを見つめていた。

そんな三浦先生の子ども時代の詩が発見されたのである。ご主人の三浦光世（みつよ）氏から「道人さんに曲をつけてほしい」といううれしい言葉をいただき、それが倍賞千恵子の歌唱で放送されたのだ。10歳の先生の感性が、月のように光り輝いている……そんな歌なのだ。

第四章

神無月から師走

もみじ
どんぐりころころ
里の秋
みかんの花咲く丘
雪
かごめかごめ
きよしこの夜
お正月

神無月
かんなづき

もみじ

もみじ狩り

作詞 高野辰之

作曲 岡野貞一

1
秋の夕日に照る山もみじ
濃いも薄いも数ある中に
松をいろどるかえでやつたは
山のふもとのすそもよう

2
たにのながれに散り浮くもみじ
波にゆられてはなれて寄って
赤や黄色の色さまざまに
水の上にも織るにしき

なぜ動物でもないのに〝もみじ狩り〟なのか？

〽秋の夕日に照る山もみじ……。この歌を聞くとパッと色鮮やかな秋の光景が目に浮かんでくる。桜のお花見と同じように、秋の〝もみじ狩り〟もまた日本人が大好きな風習のひとつなのである。

落葉樹の紅葉を眺めて楽しむ〝もみじ狩り〟だが、この〝狩り〟とは普通、野生動物、おもに鳥類、哺乳類を捕獲するときに使われる。貝を採取することも潮干狩りというが、まあ貝も動物といえば動物だ。しかし〝もみじ〟はというと、確かに生きてはいるけれど動物ではない。植物である。狩りというから、色づいた葉っぱを木から取るというイメージはぬぐえぬが、実際は紅葉を観賞することをいう。ではなぜに、〝狩り〟などという言葉が使われるようになったのか。

紅葉を楽しむという文化の起源は、奈良時代から室町時代へ遡る。はじめは、貴族の娯楽のひとつとして、紅葉を愛でながら宴を開き、そこで和歌を詠んだ。

〝もみじ狩り〟は、野山を歩きながら観賞するものだが、貴族たちは自由に出歩けず、さらに「徒歩などは平民がやること」と考えられ、歩くという行為自体が〝下品〟とされていた。貴族が外出するときは、牛車（ぎっしゃ）などに乗るのが一般的であった。しかしそれでは山まで紅葉を見に行けない。そこで「もみじを見ることを〝狩り〟に見立ててしまえば貴族の体裁が保てるではないか」ということから、「紅葉を狩りにいく」という表現をするようになったというのだ。そのため平安期は花見のことも、〝桜狩り〟と表現していた。そこから現在ではみかん狩りやぶどう狩り、さくらんぼ狩りといった果物を収穫するときにも、〝狩り〟の字を当てるようになった。

さてそんな風流で洒落た貴族の風習、〝もみじ狩り〟が一般庶民の間にも広まったのは、江戸中期になってからのことだった。この時期に街道の整備が進み、庶民の間には伊勢神宮への伊勢参りや熊野三山への熊野詣でが大流行した。同時期には「名所図会（ずえ）」なる挿絵付きの、今でいう旅行のガイドブックのような刊行物が発刊されたり、花や植物を紹介する「花壇地錦抄（かだんちきんしょう）」という植物ガイドブックのようなものが登場したりした。そこでお伊勢さんや熊野さんへの参詣とともに、もみじの名所へと人々は足を運ぶようになっていったのである。

では明治44（1911）年、『尋常小学唱歌（二）』の中で発表になったこの「もみじ」は、どこの名所を歌ったものなのか？　実はしっかりとした場所が判明しているのだ。

この歌の作詞者、高野辰之は長野県豊田村の出身だが、この歌を作ったときには東京に住み、文部省の国語の教科書の編纂を担当していた。秋のある日、墓参のための里帰りで長野へと向かった。途中、碓氷峠にある信越本線熊ノ平駅の周辺に差し掛かった。四方を山とトンネルに挟まれた空間にぽつんと駅舎だけがある場所だ。

碓氷峠の区間とは横川から軽井沢間を指すが、この峠は急勾配である。汽車は急な坂を上るために、横川駅から「アプト式」というレールシステムを導入しなければならない。汽車はのこぎりの歯のような形をしたラックレールに機関車のギアをからませて、ゆっくりと進むのである。熊ノ平駅は標高686ｍに位置するが、碓氷峠区間内唯一の平坦な場所だった。そのため上下線の汽車が待ち合わせする駅でもあった。そこに止まった汽車の窓から見える景色はまさに、〽赤や黄色の　色さまざま……

だったわけである。高野はこの美しさに息をのみながら、一気にこの詩を書きあげたという。

この詩に曲をふったのは、岡野貞一（おかのていいち）である。高野とのコンビで、〽うさぎおいしかの山……の「故郷（ふるさと）」や、〽菜の花畠に　入り日薄れ……の「朧月夜（おぼろづきよ）」、さらに「春がきた」「春の小川」ら今なお歌い継がれる唱歌を数多く作っている。そんな中「もみじ」は、一人がまたはひとつのグループが、〽秋の夕日……と歌い出すと、次の人（グループ）が、〽秋の夕日に……と追いかけるように歌い出す、いわゆる輪唱の歌としてはじめて学校で教わる歌のひとつだ。〽松をいろどる　かえでやつたは……から今度は、低音部が3度下の音で歌うなど様々な合唱要素が入っていて、上手に輪唱できたりハーモニーが付けられたときのうれしい気持ちを思い出す人も多いだろう。

この歌の舞台だった信越本線の横川～軽井沢駅間は、長野冬季五輪の際の長野新幹線（北陸新幹線）開業で廃線となったが、現在も横川と熊ノ平までの5・9㎞は、遊歩道「アプトの道」の名称で、それこそ〝もみじ狩り〟の名所として人気が高い。

神無月

かんなづき

秋

どんぐりころころ

作詞 青木存義

作曲 梁田 貞

1
どんぐりころころ　どんぶりこ
おいけにはまって　さあたいへん
どじょうがでてきて　こんにちは
ぼっちゃんいっしょに　あそびましょう

2
どんぐりころころ　よろこんで
しばらくいっしょに　あそんだが
やっぱりおやまが　こいしいと
ないてはどじょうを　こまらせた

なぜ唐突に2番で終わってしまうのか？

森に棲む野生動物の秋から冬の生存に大きな影響をもたらすものが、どんぐりである。ブナ科植物の果実は個々の果実も大きく、内部の種子の大部分を占める子葉は、デンプン質に富み、生産量も多いことから、人間を含む哺乳類動物にとっては秋の重要な食料となる。どんぐりの出来不出来が、森に棲む野生動物の秋から冬の生存に大きな影響をもたらすのである。果実は木の上ではムササビ、地上へ落ちたあとにはネズミやカケスなどの食料となり、ブナやミズナラの果実はツキノワグマの主要な食料となる。

令和5（2023）年、秋から初冬にかけて日本各地でクマが出没し、人身被害が何件も発生した。クマにとって冬眠前のごちそうこそ、栄養価が高いどんぐりなのである。しかし数が不足、結局は山から人里まで下りてきて食べるものを探すことになった。それが目撃情報や被害数増大につながったと考えられるのだ。

さて、そんなどんぐりを歌った童謡といえば、「どんぐりころころ」である。大正10（1921）年発行の唱歌集『かは（わ）いい唱歌』で発表されたが、世の中に急激に広まったのは、昭和22（1947）年に小学校2年生用の音楽教科書『二年生のおんがく』に初掲載されたからだった。さあ早速、よくご存じのこの歌をまずは一緒に歌ってみたい。ハイ！〽どんぐりころころ　どんぐりこ……。いやいや、間違っていますよ。〽どんぐりころころ「どんぐりこ」ではなく、本当の歌詞は「どんぶりこ」なのです！　何？　一体、どういう意味？

「どんぶりこ」は、音を立てて水に落ちるという意味なのだ。その後に続く、〽おいけにはまって……という歌詞を見ると、意味がつながってくる。「どんぐりこ」ではなく「どんぶりこ」なのである。普通は木の下にとどまるどんぐり、山にある木から落ちたものだから勢いよく転げ落ちて、着地点が池だったということになる。「どんぶりこ」と音を立てて、お池にはまったということである。どんぐり坊やが溺れてしまいそうだから、〽さあたいへん……と歌っていると思いきや、その後に、〽どじょうがでてきて　こんにちは……と結構楽しそうに遊んでいるではないか。そんなに

「たいへん」でもなさそうだ。ところがしばらくすると、〽やっぱりおやまがこいしいと　ないてはどじょうをこまらせる……のだ。だから「たいへん」なのか？

いやいや考えてみれば、どんぐりが熟して木から落下すると、リスやねずみなどの小動物の格好のごちそうになる。しかし見つからない限りそこに根をはり、春に芽を出し双葉をつけるのだ。あの小さなどんぐりの実の中には、根や芽を出し、枝をのばして葉っぱを茂らせ花を咲かせ、次のどんぐりを作るところまでのしくみが全部抽入されている、すぐれものなのだ。しかし、残念ながらほとんどは育たない。それは拾われたり、動物や鳥に食べられたりするからだ。たとえ運よく食べられなかったとしても、今度は落ちた位置によって、肝心の日の光が親の木の葉の影になってしまったり、落葉に埋もれたりして育たないのである。

しかし元来、生命力が強い植物である。そんな中でもすくすくと根をはってゆくどんぐりは、しっかりと存在する。だが、勢いあまって池に落下してしまうとこれは取り返しがつかないこと。一番大切な土が、そこにはないからである。誰かが池から拾い上げてくれない限り、どんぐりに未来はないということになるのだ。

さらにどんぐりが落ちる季節は秋。実はどんぐりと遊んでくれているどじょうなのだが、水温が10度を下回ると冬眠を始めるのだ。土の中に潜って、寒い冬を過ごすのである。どじょうは皮膚呼吸ができるので、土の中に潜っていても大丈夫。秋になると栄養価の高いエサを食べ、冬を越すための体力をつけるのだ。小動物や虫から果実まで何でも食べる雑食性の動物でもある。そんなどじょうの前に、格好のエサが自ら「どんぶりこ」とやってきてくれたのだ。

この歌がよく唐突に、2番で終わるのが不自然で消化不良だと言われることがある。〽ないてはどじょうを　こまらせた……、その後、どんぐり坊やはどうなってしまうのか。確かにその答えは、書かれていない。しかし坊やの運命は一目瞭然だ。どじょうに食べられてしまうのである。可愛い童謡なのに残酷だ。いや、可愛い童謡だからこそ消化不良のまま、歌詞は2番で終わらなければならなかった。後々、リスによって池から助けられ山に連れて帰ってもらう……という内容の「幻の3番」が作られたが、リスの大好物こそが、どんぐりであることもお忘れなく。

神無月

かんなづき

秋

里の秋

作詞　斎藤信夫

作曲　海沼　實

1
しずかな　しずかな　里の秋
お背戸に　木の実の　落ちる夜は
ああ　かあさんと　ただ二人
栗の実　煮てます　いろりばた

2
あかるい　あかるい　星の空
鳴き　鳴き　夜鴨の　渡る夜は
ああ　とうさんの　あの笑顔
栗の実　食べては　おもいだす

3
さよなら　さよなら　椰子の島
お船に　揺られて　帰られる
ああ　とうさんよ　ご無事でと
今夜も　かあさんと　いのります

兵隊さんだよ　うれしいな

未だに世界で戦争が続いている。人類は戦争の無意味さ、悲しみを知っているはずだ。日本は、戦争放棄をした国である。実際に戦争を体験したことがない人たちのほうが多く占めるようになった。現に私もそのひとりだ。でも私は非戦、平和のありがたさを童謡というものを通して伝えてきた。「里の秋」は私にとって大切な歌である。

「里の秋」は、先の大戦後にはじめて作られた童謡である。戦争終結の昭和20（1945）年大みそかに開かれた現在の「紅白歌合戦」の原型番組、「紅白音楽試合」の中で、それまで歌われていた童謡の「兵隊さんの汽車」は、「汽車ポッポ」として題名も歌詞も新しく生まれ変わって11歳の川田正子（かわだまさこ）が歌った。しかし同じ正子によって、「里の秋」がラジオからはじめて流れたのはその一週間前、12月24日である。だから終戦後に生まれた新たな童謡のスタートはこの歌と言っていいのだ。

戦争が終わって4ヶ月ほど、実はこの日、戦地からはじめて兵士たちが神奈川県の浦賀港に帰還することになった。それを記念しＮＨＫでは『外地引揚同胞激励の午后』という特別番組を放送することになった。引揚援護局のあいさつが終わり、「兵士を迎える歌」として発表された歌こそが、〽さよなら　さよなら　椰子の島……。椰子の島だから、どこか南方軍の部隊で戦っていたお父さんを迎える歌、「里の秋」である。

この歌を作曲した海沼實（かいぬまみのる）は、「どんな歌を正子に歌わせようか……」と思案していた。そのときふと思い出したのが、昭和16（１９４１）年12月、つまり第二次大戦開始の時期に国民学校（小学校）の教師をしていた斎藤信夫（さいとうのぶお）から送られてきていたひとつの詩だった。国民学校に通う男の子が主人公で、戦地に赴いている父親に対し「お父さんお元気ですか。お国のためにどうぞしっかりお働き下さい」といった慰問文形式で作られていた「星月夜」という作品だった。斎藤は12月8日、ラジオから大本営陸海軍部が発表した「本8日未明、西太平洋においてアメリカ、イギリス軍と戦闘状態に入れり」の臨時ニュースを聞いて高揚感を覚えてこの詩を書き綴った。

あれから4年、日本は負けた。海沼は「星月夜」の詩を改めて見直した。１番と2

番の詩は戦後になった現在でも通用すると判断した。「星月夜」の1、2番は、現在も歌われる「里の秋」の1番2番の歌詞と同一である。しかし「星月夜」の3番の詩は、さすがに使うわけにはいくまい。「きれいなきれいな椰子の島　しっかり護ってくださいと　ああ父さんのご武運を　今夜もひとりで祈ります」。さらに4番として、「大きく大きくなったなら　兵隊さんだよ　うれしいな　ねえ母さんよ僕だって　必ずお国を護ります」と書かれていたからだ。確かにこの詩が書かれた時代の男の子たちの夢は、そろって「大きくなったら兵隊さんだよ　うれしいな」だった。でも戦争が終わった今、この詩を「兵士を迎える歌」として放送はできないだろう。そこで海沼は、すぐに千葉に住んでいた斎藤を電報で東京に呼んだ。新たな歌詞をつけてほしいと依頼したのだ。

戦争中、「命をかけて戦うように」と、子どもたちに教えてきた自分に責任を感じた斎藤はすでに教師を辞していたが、詩を改めることを快諾。海沼と話したうえ新たな詩づくりを始めた。しかしいい文句が浮かばない。苦労の末に3番の詩が出来上がり題名が「里の秋」に落ち着いたのは、放送当日のことだったという。

私のＣＤやコンサートでこの歌を歌うときは、斎藤や海沼の親族からの了承を得て１番２番のあとにあえてこの幻の歌詞、「星月夜」の「大きくなったら　兵隊さんだよ　うれしいな」を「里の秋」のメロディーにのせて軍歌調で歌っている。

　あの時代の男の子たちの夢は兵隊さんになることだったその事実、そう教育された悲しい過去、いや教育されなければならなかったあの時世を、歌というものを通して強烈に反対しているつもりだ。同時にその後に訪れる自由のすばらしさ、平和の礎（いしずえ）を作ってくれた戦争で命を落とした先人たちへの感謝を述べながら、「この詩は発表されることなく、お父さんを戦地から迎える歌詞に変わりました」と言って新たに作られた、〽さよなら　さよなら　椰子の島……と歌うのだ。

　たとえ戦争と無縁な子どもたちであっても人の命の大切さ、平和の大切さは理解できるはずだ。だけど……今また、世界のどこかで悲しみは繰り返されている。

　私はもっともっと大きな声で、この歌を届けなければいけない。

霜月 しもつき

みかんの花咲く丘

みかんの日

作詞 加藤省吾

作曲 海沼 實

1
みかんの花が　咲いている
思い出の道　丘の道
はるかに見える　青い海
お船が遠く　かすんでる

2
黒い煙を　はきながら
お船はどこへ行くのでしょう
波に揺られて　島のかげ
汽笛がぼうと　鳴りました

3
何時か来た丘　母さんと
一緒にながめた　あの島よ
今日も一人で　見ていると
やさしい母さん　思われる

明るいけれど悲しくなる歌の意味

〽みかんの花が咲いている……。子どもの手遊び歌としても生き続けているこの歌。みかんの花が咲くのは初夏だが、こたつで食べるみかんは断然、冬の果物だ。

「みかんの日」なるものがある。「いいみかん」「いいみっかん」という語呂合わせから、11月3日、さらに12月3日が全国果実生産出荷安定協議会と農林水産省によって制定されている日だ。冬のみかんは通常、温州みかんを指す。温州みかんの原産地は日本とされるが、実際は柑橘の名産地、中国浙江省の温州。それにあやかり、温州みかんと名付けられた。

さて日本国内のみかんの生産地ランキングといえば、童謡の「まりと殿さま」の歌碑も立つ和歌山県が1位。〽紀州はよい国　日のひかり　山のみかんになったげな……である。2位が愛媛県、そして3位静岡県（2022年度調べ）。愛媛県内の国道197号線の一部区間、佐田岬メロディーラインでは、一定速度で走ると特殊な舗装によりタイヤの音が「みかんの花咲く丘」を奏でる。そして静岡県伊東市には、宇佐美から亀石峠へと上る県道19号伊東大仁線の途中に「みかんの花咲く丘」の歌碑がある。同じく伊東にあるホテル聚楽の庭にも立っている。

なんとこの童謡はこの伊東ではじめて発表された歌だった。昭和21（1946）年8月25日、NHKラジオ『空の劇場』という特別番組でのことである。東京内幸町の本局スタジオと伊東市立西国民学校の講堂とを結ぶ、放送史上初の二元生放送が行われ、人気童謡歌手の川田正子、12歳が伊東で歌ったのだ。

番組のプロデューサーはこの番組のため、静岡にふさわしい新しい童謡を、「からすの赤ちゃん」など詩も自ら手掛けていた作曲家の海沼實に依頼した。ところが放送日まぢかになっても一向に詩が浮かばない。そんなときに偶然が起こった。いや、ほんとは海沼が仕組んだことなのかもしれないのだが……。「みかん〜」の詩を書いた加藤省吾（かとうしょうご）に生前、直接話を聞いたことがある。

「その日は、人気スターの正子ちゃんの取材で自宅まで伺ったんです」。

加藤は当時、人気音楽雑誌『ミュージック・ライフ』の編集長だったが、戦前には

「かわいい魚屋さん」というヒット童謡をこしらえた詩人でもある。当時、海沼と正子の母は再婚し所帯を持っており、海沼と正子は義理の父娘（おやこ）関係でもあった。

いざ取材をスタートしようとした所に海沼が部屋に飛び込んできた。「加藤さん、助けてくれ。一篇すぐに作ってほしいんだ」。

詩のイメージは、静岡の伊東の丘に立って海を眺めている子ども。その海には島が浮かんでいて、船には黒い煙を吹かせてほしい……だった。

「『〆切は？』と訊ねたら、今夜の汽車で伊東まで入って明日放送だって言うんですよ。取材そっちのけですぐに詩作に取り掛かりましたよ」。

巷（ちまた）には「リンゴの唄」が流れていた。とっさにみかんを題材にしようと思ったという。「戦後はリンゴとみかんから始まった」と言われるゆえんだ。

「出だしの、〽みかんの花が　咲いている……のフレーズが出てきたあとは、スラスラ書けましたね。20～30分で出来上がったと思います。その詩を手にして、出かけてゆきました」。当時、新曲を発表する場合、駐留していたアメリカのＧＨＱが目を通し「放送に適したものか？」という検閲があった。爽やかでやさしいこの詩は全く問題なく通り、検印を受けるとすぐ伊東行きの列車に飛び乗った。海沼は、車窓からみかん畑の景色が見える国府津（こうづ）あたりでメロディーが浮かんだという。だから神奈川県国府津駅の電車の発車のメロディーは、この歌なのだ。

正子にも直接聞いたことがあった。「宿に着いてすぐお風呂の中で、口移しでお稽古して覚えました」。そして翌日、この歌は全国に流れ大評判をとる。その後何度も放送される人気曲に育ってゆくが、局へはこんな投書も届いた。

「子どもはこの歌が好きだが、〽やさしい母さん　思われる……の部分になると泣き出してしまい困っている」。戦争で母と離れ離れで暮らしたり、空襲や病気で母を失った子どもたちも多い時代だった。正子は「だからその部分を、〽やさしいねえさん　思われる……と変えて歌ったりしましたよ。お嫁に行った姉さんという意味にしてね」。

希望を与えてくれたこの童謡は、明るいけれど同時に悲しくなる歌でもあったのである。

霜月
しもつき

冬

雪

文部省唱歌　作者不詳

1
雪やこんこ　あられやこんこ
降っては降っては　ずんずん積もる
山も野原も　綿帽子かぶり
枯木残らず　花が咲く

2
雪やこんこ　あられやこんこ
降っても降っても　まだ降りやまぬ
犬は喜び　庭駆けまわり
猫はこたつで丸くなる

「雪やこんこん」ではないのです！

冬になったらやっぱりこの歌、「雪」。さあ、まずはこの歌を一緒に歌ってみよう。

〽雪やこんこん　あられやこんこん　降っては降っては……、ちょっと待ってください！　間違っています！　えっ？　また？

正解は、〽雪やこんこ　あられやこんこ……。

〝こんこん〟ではなく、〝こんこ〟が本当なのに、なぜか〝こんこん〟と喜びながら勇んで歌ってはいないだろうか？　確かに雪や雨がさかんに降り続くさまを、〝こんこん〟と表現する。水などが尽きることなく湧き出るさまも〝こんこん〟という。こんこんと湧き出る泉などとも使うから、雪がずっと止まずに降り続いている情景だと思い込んでいる人が多い。さらに雪が降って寒いから〝コンコン〟と咳をしていると思っている人もいるようだ。だけどこの歌の雪は〝こんこん〟ではなく、〝こんこ〟なのである。

「えっ？　いつからそういう詩に変わったの？」。

いやいやこの歌は、明治44（1911）年6月発刊の『尋常小学唱歌（二）』に文部省唱歌として発表されて以来、ずっと100年以上も変わらず〝こんこ〟である。歌の題材は、明治6（1873）年に文部省が作成した国語教科書の『小学読本巻四』にあった「ゆきのあさ」から得たもの。したがって戦前は国語（読本）と音楽（唱歌）のふたつの教科で教えられた。現在の教科書にも選定されている歌だが、なぜか〝こんこん〟と覚えてしまう歌なのである。さて、それでは一体、〝こんこ〟って何？

〝こんこ〟は「来ん来」と書く。「来む来む」つまり「来い来い」ということになる。〝こんこん〟であれば、雪がずっと降り続いていることになるが、〝こんこ〟になると、「雪よ来い来い」ということになってしまう。そうなのだ。雪はまだ降っていないのだ。「早く雪よ降れ降れ」という歌だったのである。

もし降っていたとしてもまだまだ少量だ。それは粉雪程度かもしれない。積もっていないのだ。だからこそ「もっともっとやってこい」「もっともっと降ってくれ」ということになる。まさしく〝ごんこ〟なのだ。子どもの願望がそこにはある。そういえば子どもの頃は雪が降り出すと嬉しくてはしゃいだものだ。早く雪だるまや雪玉が作れるぐらいまで、積もってほしいと思ったものだ。雪合戦をして遊びたかった。寒いなんてへっちゃらだった。そうなれば「この場所に降ってほしい」という意味になる「来ん此（こ）」が元だと言ってもいいかもしれない。

いずれにせよ子どもたちの雪を解かすほどに熱い思いがそこにはある。綿帽子をかぶるほどに雪よ降ってくれ、犬がよろこんで庭を駆け回るようになるまで降ってほしいと歌っている。ネコがこたつで丸くなるほど寒くなってたくさん雪が降ってほしいのである。ちなみにネコはこたつに入ると丸くなるより、むしろ長くなっていたり、お腹を出してひっくり返っていたりするようだけど……。

この犬とネコの場面が印象的な歌ということもあってか、歌っていると1番の途中から2番の歌詞である、〽犬は喜び……の詞の場所に間違ってつなげて歌っている人が案外多い。ほかの人にためしてごらんなさい！　結構、1番の途中から犬が登場するから……。

そんな子ども時代を経て、大人になると雪も厄介なものだと感じるようになる。ネコではないがストーブから離れられなくなるし、何より朝起きると登校や出社する前に家の玄関先の雪かき（除雪）から始めなくてはならない。札幌では毎年2月に「さっぽろ雪まつり」を開催し、今では世界から人々が集まる大イベントになっているが、この最初も雪との戦いから始まった。昭和25（1950）年のことである。

実は市民の雪捨て場となっていたのが、現在では会場となっている大通公園だったのである。その積もり積もった雪を使って、市内の中学生と高校生が美術科教諭の指導下で雪像でも制作しよう……と始めたのがきっかけなのだ。それがやがて評判となり、雪まつり会場は観光客で埋め尽くされるようになる。さらに決定的だったのが昭和47（1972）年の札幌オリンピック。このときに世界各地に雪まつりが紹介されることで、海外からも注目されるようになったのである。雪像上での歌謡ショーも開かれ、私もデビューの年から何度もその雪のステージで歌った。

寒風が吹く中、せめて歌っているときは「雪よこんこ」ならぬ「降ってこないで……」と祈ったものだった。

師走　しわす

わらべうた保育の日
かごめかごめ

わらべうた　作者　不詳

かごめかごめ
かごのなかのとりは
いついつでやる
よあけのばんに
つるとかめがすべった
うしろのしょうめんだーれ

かごめは籠目？　それとも籠女？

〽かごめかごめ　かごのなかのとりは　いついつでやる　よあけのばんに……と歌われる、わらべうたの「かごめかごめ」。その意味不明な詩、江戸時代の昔より子どもたちが歌いながら遊んでいた作者不詳の歌である。しかし、わらべうたには意味を隠さなければならなかった意味不明な文言で、それでも現在まで歌い続けなければならない、つまり忘れてはいけないメッセージが潜んでいる。

わらベイコール子どもだからということで、5月5日を「わらべうた・子守唄の日」としていたり、わらべ歌を歌うときのはじめの掛け声でもある「せっせっせーのよいよいよい」の「よいよいよい」を「414141」と見立てて、4が3つで12、1が3つで3ということから、12月3日を「わらべうた保育の日」として、日本伝統の子どもが遊びながら歌う歌と遊びを広めている。そんな代表作「かごめかごめ」は、わらべ歌の中でも〝子取り遊び〟という分類に入る。

鬼の役になった子どもが、目を隠して中央に座り、その周りをほかの子が輪になって歌いながら回る。歌が終わったときに鬼は自分の真後ろ、つまり後ろの正面に誰が立っているかを当てる遊びである。そしてそれが当たった場合、鬼が交替するのだ。その鬼役は、目に見えない後ろの正面の人を言い当てるわけだから、霊媒師や呪術師の類(たぐ)いである。物事を占ったり、吉兆を判断したりする力を持つのである。テレパシーや直観力だ。「目隠し鬼」などと同じく、大人の宗教的儀礼を子どもが真似たものともいう。この「かごめ」だが、遊び方からして「囲め」が転じたものではないかという説がある。一方、鬼は輪の中にしゃがんでいることから「かがめ」が転じたとも、鳥の「カモメ」が「かごめ」となったとも言われる。

しかし寛政9（1797）年発行の『諺苑(げんえん)』には、「かごめ」は〝籠目〟の漢字で書かれている。いや、現代の『広辞苑』などでも「籠目籠目」とされている。

〝籠目〟とは、竹編みの籠の編み目を図案化したもの。籠目の紋とは、籠を編めば自然と浮かび上がる正六角形のことで六芒星(ろくぼうせい)とも呼ばれる。古代人にとって籠は神からの授け物とされていた。竹で編まれた籠は、それまで存在しなかった技術だったから、これを器用に編む人たちも神に値した。竹で編まれた籠は、神事に使われる神聖な器だったのである。同時に古くから魔除けとしてこの図形は使われた。

ユダヤ教が教義上からこの図形を神聖なものとして見ている事実はないのだが、17世紀以降、伝統的にユダヤ人を表す記号として定着しているのも籠目の紋様だ。ユダヤ人の国であるイスラエルの国旗にはダビデの星と呼ばれる青色の六芒星が描かれている。六芒星がユダヤの紋章と同じ形をしているということでこの歌の謎はさらに深まるが、ヘブライ語で「カゴメー」とは、囲むのは誰？　誰が守る？　という意味になるらしいから、日本とユダヤの関わりを云々（うんぬん）する説も出回っている。

一方、〝かがめ〟がなまったという説も。昭和のはじめに作曲家の山中直治（なかやまなおじ）が千葉県野田市に伝わる「かごめかごめ」を採譜し、それが全国へと広まったとする。ここが発祥の地とされ、東武野田線の清水公園駅前には「かごめの唄の碑」も建立されている。野田といえば今も醤油（しょうゆ）のキッコーマン本社がある場所だ。ソースのカゴメではなく、醤油だ。実は江戸時代にここで作られた醤油は、江戸川を渡り、舟で江戸まで運ばれていた。江戸川と醤油工場は堀川で結ばれ、水門によって舟の出入りは調整されていた。船頭たちは水門を通るとき、身をかがめて通る。ここから「かがめかがめ」が「かごめ」になったというのだ。ほかにも天岩戸（あまのいわと）を歌った歌では？　徳川埋蔵金の居場所を歌った歌では？　など諸説紛々（しょせつふんぷん）。確かに忘れてはならない、しかし本当の意味がわかってはいけない内容ではありそうだが、そんな中で私が最も興味を抱き、これが事実ではないかと感じるのが「かごめかごめ」の記述で最も古いとされる安永8（1779）年発刊の黄表紙『かごめ　かごめ　籠の中の鳥』にある説である。ここでは「かごめ」は〝籠女〟と表記されている。〝籠女〟？　つまり籠から出ることができない、自由を束縛された遊女のことを歌っているとしているのだ。

〽かごのなかのとりは　いついつでやる……とは、遊郭に入った女は、いつそこから出られるのか？　と解するというのだ。当時の遊女は家族の貧しい暮らしを救うために金で売られ、春をひさぐ者がほとんどだった。廓（くるわ）から自由になるには、借金をすべて用立ててくれる旦那にでも身請けしてもらうしか方法はなかった。

〽かごのなかのとりは　いついつでやる……。そこにはあまりにも悲しい貧富の差、庶民の生活の苦しみがうごめいたのである。

師走（しわす）

きよしこの夜（クリスマス）

作詞　ヨゼフ・モーア　訳詞　由木康
作曲　フランツ・グルーバー

1
きよし　この夜　星はひかり
すくいのみ子は　み母の胸に
眠りたもう　夢やすく

2
きよし　この夜　み告げ受けし
羊飼いらは　み子のみ前に
ぬかずきぬ　かしこみて

3
きよし　この夜　み子の笑みに
恵みのみ代の　あしたの光
輝けり　ほがらかに

ネズミのおかげで生まれたクリスマス・ソング

さあクリスマスがやってきた。プレゼントにカードの交換、クリスマス音楽にツリー、サンタクロース……。日本は神道、仏教徒が多いが、そこはお祭り好きの本領発揮！　キリストさまの生誕祭でもしっかりお祝いする。でもちょっと待っていただきたい。実はキリストが生まれた日は聖書には書かれていないのだ。

新約聖書にあるクリスマス物語「イエスの降誕」は、イエスがメシアの予言に従いベツレヘムで生まれたが、その日は記されていないのだ。そもそもキリスト誕生の年を、今私たちが使っている西暦、つまり２０２３年なり２０２４年なりの元年と数えているつもりだが、聖書にはイエス生誕はユダヤ王・ヘロデの時代とある。後々の調査でヘロデ王の没年は紀元前４年と判明。ということになると、キリストは少なくとも西暦紀元前４年、ないしそれ以前に生まれていたことになる。そこで現在はキリスト誕生を紀元前４年頃としているのだ。誕生日だけではなく生まれ年も違っていた！

では一体、12月25日とは何の日なのか？

西暦325年、小アジア（北は黒海、南は地中海、西はエーゲ海に囲まれアジアの西端。現在のトルコ西部から北部あたり）のニカイア（ニケア）で行われた公の会議で、古代ローマで隆盛していたミトラス教が唱える太陽神が生まれた日をそのまま受け入れていたというのだ。ミトラス教は当時、キリスト教よりも盛んな秘教とされていた。ミトラス教最大の祭儀は、冬至のあとに太陽の復活を祝う12月25日の祭りである。「征服されざる太陽の誕生日」と呼ばれるこの日はミトラスの誕生日だった。それがキリストの誕生日に移り変わったというのだ。

ではミトラス教の神とはどんな人物だったのか？　ミトラスは、紀元前1世紀に牡(お)牛(うし)を屠(ほふ)る神として地中海に現れ、1世紀から4世紀に興隆した宗教の主祭神となった。「屠る」とは？　あまり聞き慣れないが体を切り裂く、切り殺すという意味になる。体を切ってばらばらにすることから、敵を打ち負かすということにもつながる。ルーブル美術館などに所蔵されるミトラスも、若い美青年が大きな牡牛を手で押さえこんで首をナイフのようなもので切り裂いているのだ。

強いものを支配し、敵を押さえ込む英雄の神として崇められた。そのミトラスの誕生日が、キリストの降誕祭として受け継がれたと考えられるのだ。いや、この日近辺が冬至だ。つまり一年のうち最も明るい時間が短い日であり、この日を境に再び明るい時間が増えてゆく。

ミトラスもキリストもともに、世の中を明るく導く神である。そうなれば12月25日、この日こそがスタート、すなわち誕生の日とするのが一番納得がゆく。ミトラス教はその後、キリスト教と対立し衰退するが、不滅の太陽イコール世の中の永遠なる光り輝きという意味合いのこの日だけは、しっかりと残されたのだ。そして教会の礼拝式のキリストのミサが段々と変じ、キリストミサ⇓キリスマス⇓キリスマス⇓クリスマスとなっていったのである。

日本のクリスマスは、天文21（1552）年、周防国（すおうのくに）（現・山口県山口市）で宣教師が日本の信徒を招きミサを行ったことに始まる。だがその後、江戸幕府の禁教令でクリスマスは根づかなかった。明治に入り、鎖国が解かれることでキリスト教の布教は再開され、クリスマス・ソングとして世界的に有名な、「サイレント・ナイト」こと「きよしこの夜」が、讃美歌として日本に上陸したのだ。

さて、この歌誕生のいきさつがなかなか面白い。

「きよしこの夜」が生まれたのは１８１８年のクリスマスイブのこと。オーストリアとドイツの国境の町、ザルツブルグの北西、オーベンドルフ村の教会だった。

オルガニストのグルーバーは、途方に暮れていた。クリスマスの聖歌を演奏するためのオルガンの音が急に出なくなってしまったのである。調べてみるとオルガンに空気を送り込むふいごを、ネズミが喰いちぎっていたのである。

グルーバーは、慌てて司祭のヨゼフ・モーアに相談した。クリスマスを行わないわけにはいかないからだ。するとモーアは、美しい周囲の山とキリスト誕生を重ね合わせた詩をすぐにこしらえ、その詩にグルーバーが曲を付けた。音の出ないオルガンの代わりに、グルーバーはギターでそれを演奏して歌ったというのだ。

それがやがて全世界の愛唱歌、クリスマス・ソングの代表曲になるというのだからわからないものである。もしネズミのいたずらがなかったら、名曲は生まれていなかったということになる。

師走　しわす

年の瀬　お正月

作詞　東くめ
作曲　滝　蓮太郎

1
もういくつねるとお正月
お正月にはたこあげて
こまを廻して遊びましょう
早くこいこいお正月

2
もういくつねるとお正月
お正月にはまりついて
おいばねついて遊びましょう
早くこいこいお正月

こまをまわして悪霊払い！

「一月一日」から始まった一年もそろそろ終わりに近づいてきた。また、〽もういくつねると　お正月……がやってくる。この「お正月」が『幼稚園唱歌』に発表されたのは明治34（１９０１）年だから随分長い間、人々の心をとらえてきた歌だ。

明治期の唱歌は、古語をまじえた文語体が主で理解するのが困難だったが、この唱歌集は初めて理解できる口語体で書かれたものだった。当時、唱歌の作詞作曲者は明記されなかったため、今も作者不詳の唱歌が何曲もある。現にこの歌の作者が判明したのも、発表後60年近く経た昭和33（１９５８）12月28日になってからだった。

当時のＮＨＫの人気テレビ番組のひとつ「私の秘密」に作詞家の東くめが出演し、そのとき、この歌を自らが作詞し、滝廉太郎が作曲したことを公にしたのである。

さてこの、〽もういくつねると　お正月……。お正月を迎える準備は12月13日のすす払いに始まる。今でいうなら大掃除のスタートである。この日は、山から松を切ってくる〝松迎え〟の日でもある。門松や松飾りをこしらえるためだ。冬になっても緑色を失わない松は、神が宿っていると信じられ、永遠の命のしるしとも解された。それを玄関口に飾るのだ。25日ぐらいには、〝もちつき〟をして鏡餅を供え、年越しのごちそう、お節（せち）料理、そばをすすりながら、お寺の除夜の鐘とともに新年を迎えるのだ。

　これすべて、年神様のためである。

元旦にはそれぞれの家に、新しい一年を守る神様が降臨するとされる。すす払いできれいになった家の目印として門松や松飾りを付け、降誕をうながす。そしてやってきた神様が宿る場所が鏡餅なのである。もちに野菜などを入れ年神様と一緒にいただくものが雑煮（ぞうに）。味付けや具の種類が地方や家庭、それぞれ異なるのは、家々最高のもてなしを神様に捧げるという考えから起こったとされる。

　さあ今度は、この歌の中に出てくるお正月のお遊びグッズを見てみよう。そこにはひとつひとつ大切な意味が含まれていた。

　まずは、〽お正月にはたこあげて……とある凧（たこ）だが、最初は急な用向きを伝える文書を飛ばすための軍事用品だった。それが時を経て男の子のための正月遊戯の代表格となっていく。凧の自由に大空を飛ぶ様子を、子どもの未来にたとえたのだ。同時に風を切るときに発する音が悪霊を追い払うと考えられたのである。

子どもが病気で命を落とすことが多かった時代、後に医療技術が発達するなど、想像もしていなかった。病（やまい）の根源は悪霊のしわざとされていた。病気を治す場所は病院や療養所ではなく、神社仏閣であり祈祷所だったのだ。新しい年を迎え、これから一年の無事を初詣で祈願し、凧の風を切る音で病魔を払おうとしたのだ。現在でも凧の図柄に怖い顔をしたやっこ凧や、「虎」、「龍」などの文字を見かけるのは、強いもの、怖いものを空に上げ悪霊を遠ざけるという名残なのだ。

この次に出てくる、〽こまをまわして遊びましょう……。

こまもまた悪霊払いに関係する。何人かでこまを廻して互いをぶつけ合い、最後まで残った者が勝ちという遊び方だが、これも強くたくましい人間に育ってほしいという親の願いだ。勢いよく回るこまの音を悪霊が嫌うとも、子どもの体に忍び込もうとしている悪霊が、目を回して退散するとも考えられた。

2番の歌詞は、女の子のお正月遊びである。

〽お正月にはまりついて……。とある。昔の手毬(てまり)は丸めた綿を芯として、表面を毛糸や糸で覆って作られていた。こうした動く動物の毛を好むのが、やはり悪霊。手毬をつくことで、体内に潜む霊を地面に叩きつけるのだ。そして、〽おいばねついて遊びましょう……。おいばねとは羽子板遊びのことをさす。おいばねもそういえば、鳥の羽根を使っているではないか。悪霊が好むものである。その羽根を相手と行ったり来たりさせる、和製バトミントンのようなものだ。そうなると自然とその間にはバリケードがはりめぐらされ、悪霊は近寄ることができない。羽根つき遊びのあと、負けた子の顔に墨を塗るのも、おかしな顔を見て悪霊が逃げ出すところからきているのだ。

お正月の遊びは、新しい年も元気に何ごともなく前に進みたいという思いの現れだった。年神様を丁重に迎え、悪霊を退散させることで健康で実りある一年を迎えられるのだ。

よいお年を……。

合田道人（ゴウダ・ミチト）

北海道釧路市出身。1979年、高校在学中にシンガーソングライターとしてデビュー。翌年、数々の新人賞を受賞。その後、音楽番組の構成演出、司会、CD監修、作詞作曲など多才に活躍する。2002年に刊行した『案外、知らずに歌ってた 童謡の謎』がベストセラーとなりシリーズ化、累計60万部を超える。また、全国を巡るコンサートの際に、その土地の神社詣でを重ねていくうちに造詣を深め、2013年に刊行した『全然、知らずにお参りしてた 神社の謎』もベストセラーとなり、こちらも『神社の謎』シリーズとしてヒットを重ねる。最近ではBSテレ東「プレイバック日本歌手協会歌謡祭」「武田鉄矢の昭和は輝いていた」、NHKラジオ「ごごカフェ」などに出演。

こんなに深い意味だった
歳時記を唄った 童謡の謎

2024年1月5日　第１刷発行

著　者 ―――― 合田道人
発行者 ―――― 池田圭子
発行所 ―――― 笠間書院
〒162-0816　東京都千代田区神田猿楽町2-2-3
電話 03-3295-1331　FAX 03-3294-0996

イラスト ―――― ぷらお
装幀・デザイン・DTP ―― 静野あゆみ（Harilon design）
印刷・製本 ―――― 大日本印刷

ISBN978-4-305-71004-8